WILL DURANT

生命的

ON THE MEANING of LIFE

[美] 威尔·杜兰特 ◆ 著
肖志清 ◆ 译

图书在版编目（CIP）数据

生命的意义 /（美）威尔·杜兰特著；肖志清译
. -- 北京：中信出版社, 2021.6 (2023.7重印)
书名原文: On the Meaning of Life
ISBN 978-7-5217-2901-6

Ⅰ.①生… Ⅱ.①威…②肖… Ⅲ.①生命哲学—研究 Ⅳ.①B083

中国版本图书馆CIP数据核字(2021)第045544号

ON THE MEANING OF LIFE
Copyright © 1933 by WILL DURANT
This edition arranged with Northern River Productions, Inc.
through BIG APPLE AGENCY, LABUAN, MALAYSIA.
Simplified Chinese edition copyright © 2021 by CITIC Press Corporation
All rights reserved.
本书仅限中国大陆地区发行销售

生命的意义

著　者：[美]威尔·杜兰特
译　者：肖志清
出版发行：中信出版集团股份有限公司
　　　　　（北京市朝阳区东三环北路27号嘉铭中心　邮编 100020）
承　印　者：北京诚信伟业印刷有限公司

开　本：787mm×1092mm　1/16　印　张：10　字　数：64千字
版　次：2021年6月第1版　印　次：2023年7月第4次印刷
京权图字：01-2019-3750
书　号：ISBN 978-7-5217-2901-6
定　价：42.00元

版权所有·侵权必究
如有印刷、装订问题，本公司负责调换。
服务热线：400-600-8099
投稿邮箱：author@citicpub.com

目录 CONTENTS

推荐序   iii

第一章 生命的意义之问   001

1. 问题缘由   003
2. 宗教   009
3. 科学   011
4. 历史   018
5. 乌托邦   022
6. 思想者的自我毁灭   026
7. 大结局   032

第二章 生命的意义之答   033

1. 文学家的观点   035
2. 从好莱坞到恒河——其他人士的回答   064
3. 三位女性的回答   100
4. 不可知论者和懒于思考者的回答   112

第三章　给自杀者的信
115

    1　自杀的流行　　　　　　117

    2　看开一点儿　　　　　　119

    3　维多利亚时代中期　　　130

    4　个人自白　　　　　　　136

    5　我的邀请　　　　　　　141

附录　纽约兴格监狱编号为79206的囚犯的来信
143

推荐序

中信出版集团推出了四部一套的威尔·杜兰特系列:《哲学家》《哲学课》《追求幸福》《生命的意义》。

杜兰特是位大学者,曾写下皇皇十数册巨著《世界文明史》。而杜兰特为我国作者所熟知,则多半是因他那部《哲学的故事》,洋洋洒洒几十万字。这本书1926年出版,短短一年内售出100万册。多年以来我也总是向愿意了解哲学的青年推荐杜兰特的这本书,倒不是跟风——我后来才知道这本书这么popular(流行),我只是自己读时兴致盎然,的确,这本书把哲学家和哲学写得如此生动,想不受吸引都难。

中信现今出版的这个系列里有一部是《哲学家》。不同于《哲学的故事》,这是薄薄的一本,分上下两篇。上篇讲述五位哲学家，苏格拉底、柏拉图、培根、斯宾诺莎、尼采。这"哲学五雄"，《哲学的故事》都写过，不过在这一本里写法不同。下篇可以说是这样一个主题：何为哲学家？总体上，杜兰特认为哲学在沦落，实际上已经"沦落到无人尊重的境地"，沦落的原因甚多，最主要的是哲学的经院化，"太执迷于钻研各种陈旧过时的体系的细枝末节……其创造性又是如此稀缺"。这个结论有点儿简单化，不过，我认为大感觉蛮对头。

另一本是《哲学课》，分别讨论八个方面的问题：逻辑学和认识论、形而上学、伦理学、美学、历史、进步、政治、宗教。常见的哲学主题差不多囊括无余。杜兰特一生沉浸于人类文明发展的研究和思考，对这里出现的大部分论题都有不俗的见解。逻辑学、认识论、形而上学也许不是他的长项，但他也能把握其大要，用清晰而生动的语言呈现出来，初学者仍能从中收获不少。

第三本是《生命的意义》。生命的意义是什么？这是个老掉牙的问题，同时又历久弥新，今人像古人一样不断向自己发问，我们老年人像刚刚开始人生的青少年一样不断向自己发问。杜兰特说："它对我们这一代人也许比对以往任何时候都更称其为问题。"一百年之后，我们也许可以重复这句话。没有谁能为这个问题提供一个普适的答案，但杜兰特承诺，无论年过半百还能剩下多少真诚，他都将尽可能真诚地回答这个问题。

最后说说《追寻幸福》。普通读者也许可以从这一本开始，因为这一本的话题是我们人人都熟悉的：幸福、爱、男人女人、婚姻、孩子、性格。在谈论这些"通俗话题"的时候，杜兰特时时展现出深思熟虑的人生智慧。例如，说到教育，人们看重的往往是让青少年准备好将来谋求生计的本领。这当然是教育的目标之一，然而，青少年将来不只是要去应付生活，他们还要享受生活、理解生活。我们通过友谊、大自然、文学、艺术享受生活，通过历史、科学、宗教、哲学理解生活。这些同样是教育的重要内容。

近年来，坊间出版了不少通俗的哲学类导论，其中不乏佳作，但若只让选一套，我还是选杜兰特。

陈嘉映

2021.2.8

第一章
生命的意义之问

1 问题缘由

1931 年 7 月 15 日，我从纽约家中给美国国内和世界各地我所敬仰的一些社会名流发出了下面这封信，当然，信的内容会因收信人的不同而有所区别。

尊敬的 _____：

恕我冒昧打断您手头的工作，您可以跟我玩一个哲学游戏吗？

我有个困惑已久的问题，这个问题我们这一代人似乎总在问，也许比其他任何时代的人问得都更频繁，却永远答不上来，那就是人类生命的意义或价值是什么？到目前为止，主要是一些理论家在探讨这个问题，其中就包括古埃及第十八王朝法老埃赫那吞、中国古代思想家老子、法国哲学家柏格森和德国历史哲学家斯宾格勒。其结果就是一种精神上的自杀：就思想发展本身而言，它似乎让生命失去了价值和意义。知识的增长和传播一方面是许多理想主义者和改革者孜孜以求的，但另一方面，它又给人类带来了一种幻灭感，人类的精神支柱因此几近崩塌。

　　天文学家告诉我们，人类活动只是星辰轨迹中的一瞬；地质学家说，文明不过是冰期之间一段跌宕起伏的插曲；生物学家说，所有的生命都是战争，是个体、群体、国家、联盟和物种之间为生存而进行的斗争；历史学家告诉我们，"进步"是一种错觉，其辉煌终究会以衰败而告终；心理学家则告诉我们，意志和自我是受遗传和环境操控的工具，人们一度认为，不朽的灵魂不过是大脑转瞬即逝的一线亮光。工业革命摧毁了人类的家园，避孕用品的发明正在摧毁家庭、传统和道德，甚至还会毁灭人类（通过控制聪明人的生育能力）。有人将爱情解读为一种生理上的充血现象，婚姻也不过是为了解决生理上的一时便利，仅比滥交好一点儿。民主已经堕落为腐败，其程度就如米罗任保民官时期的罗马共和国。当我们日复一日地目睹人类无穷无尽的贪婪时，我们也就放弃了年轻时憧憬的社会主义乌托邦梦想。每一项新发明的出现都让强者更强，弱者更弱；每一种新机械的面世都意在取代人类，同时也加剧了战争的恐怖。

上帝曾经是我们短暂生命的慰藉，是我们遭受丧亲之痛时的避难所，而现在上帝已经消失得无影无踪，即使用望远镜和显微镜也看不到其影踪。从哲学的总体观点来看，地球上的生命变成了密密麻麻、不停蠕动的人形昆虫，地球就像得了一种很快就可治愈的湿疹；除了失败和死亡，没有什么是确定无疑的——宛如永远沉睡不醒的休眠。

我们不得不得出这样一个结论：人类历史上最大的错误是发现了"真理"。真理让我们摆脱了妄想和克制，但并没有让我们获得真正的自由。真理也没有让我们变得更快乐，因为真理不美，不值得我们如此热烈地追求。真理夺走了我们存在的一切理由，只留下了今天一时的快乐和对明天可有可无的希望。现在再来审视真理，我们不明白为什么当初要迫不及待地去追寻真理。

这是科学和哲学带给我们的通行证。多年来，我一直热衷于哲学研究，现在我回归生活本身，我请求您，作为一个既有生活经验又勤思善悟的人，帮我指点迷津。也许那些更贴近生活的人和那些仅仅会思考的人会得出不一样的结论。请您在百忙之中拨冗赐教，告诉我生命对您来说有什么意义？您前进的人生动力是什么？宗教信仰对您有什么帮助（如果有的话）？您的灵感和力量的源泉是什么？您辛勤工作的目标或动力是什么？您在哪里寻求慰藉与幸福，您最终的财富又是什么？

必要的话简短回复即可，如果方便，回信也可以写得长一点儿，轻松一点儿。您的每一个字对我来说都是宝贵的。

　　此致

敬礼！

威尔·杜兰特

纽约

1931 年 7 月 15 日

　　我不认为这封信非常准确地表达了我对人类生存意义的观点，这封信的内容也没有那么悲观失望。但我希望从一开始就正视最坏的可能情况，不全凭意愿行事。我希望用信件交流的方式来探讨这个问题，以免得到的回答浮于表面的乐观，无法触及生活中更为深刻的问题。

　　只有经得起质疑，才能让人相信你。因此，我先是花了一些笔墨表达我自己对人类活动的价值和意义的质疑，然后，我们再来看看世界各大洲不同国家的人对这封信的答复。在最后一章，我会坦陈我自己对这一问题的看法，而要做到这一点实属不易，因为我们在各种诱惑面前难免会撒谎。年过半百的我，还有多少真诚留在心底？不管怎么说，我会努力真诚地回答这个问题。

2　宗教

人之所以为人的必然条件就是，人要有希望和信仰，哲学家更是如此。人类需要相信自己的价值和命运，伟大的宗教由此产生并发展壮大，而伟大的文明通常都建立在这些鼓舞人心的宗教之上。

这种信仰在支撑了人类几个世纪后开始动摇，人类生命由一出精神大戏降为一起生物学事件，它失去了永恒的命运所赋予的尊严，继而沦落为荒谬之生和毁灭之死之间一段奇怪的插曲。从科学的角度看，个人变得越来越渺小，他获得了知识，却丧失了对自己、对人类的信心。而那些曾经激励他为之奋斗的伟大事业，最后只会唤起他心中的怀疑和蔑视。信仰和希望离他而去，剩下的只有怀疑和绝望。

这就是我们这个时代的症结所在。使我们陷入悲观的不仅仅是大规模的战争，更不是近年来的经济萧条。虽然财富的一时减少和数百万人的死亡会给人们带来悲观情绪，但我们的问题显然要比这深刻得多。空虚的不是我们的房子和国库，而是我们的"内心"。现在，我们不再相信人的永恒伟大，也不可能赋予生命某种意义而不被死亡抹杀。我们进入一个精神枯竭和沮丧的时代，仿佛回到了当初渴望基督诞生的时代。

3　科学

　　18世纪为19世纪奠定基础之时，它把一切都押在这样一个理念上：用科学取代神学。有了科学，人们很快就会拥有财富，而财富使人幸福；有了科学，人们很快就会拥有真理，而真理使人自由。普及全民教育可以传播科学发现，将人们从迷信中解放出来，使民众适应民主制度。杰里米·边沁预言，普及教育一百年，将解决所有的重大问题，并进入乌托邦式的理想社会。孔多塞说："除了受地球寿命限制，人类的进步永无止境。"伏尔泰说："年轻人是幸运的，因为他们可以见证那些伟大的事情。"

　　年轻人确实看到了。他们看到了法国大革命和雅各宾派的恐怖统治，看到了滑铁卢战役和1848年欧洲革命，看到了巴拉克拉瓦战役和葛底斯堡演讲，看到了色当和奉天（今沈阳），看到了《圣经》中世界末日善恶大决战的战场哈米吉多顿，也看到了列宁。他们看到了科学的发展和胜利：达尔文的生物学、法拉第的物理学、道尔顿的化学、拉普拉斯的天文学、巴斯德的医学以及爱因斯坦的数学。启蒙运动的所有理想都得以实现：科学得到了解放，并且正在重塑世界。但与科学家用科学改造地球不同的是，哲学家正在用科学改造宇宙。各门学科纷纷宣布它们的最新发现，一幅描绘世界各地斗争和死亡的图像在我们面前展现开来。19世纪的乐观情绪渐渐演变为今天的悲观主义。

基督教认为，地球是上帝的脚凳和赎罪的基督的家园，而现在天文学家告诉我们，地球是围绕着小恒星旋转的一颗渺小行星，它在宇宙大爆炸中诞生，然后在碰撞和烈焰中走向灭亡，人类的一切也将随之灰飞烟灭，不会留下任何痕迹。地质学家说，地球上的生命只能听凭严寒和酷暑主宰，任由熔岩和干旱摆布，它们多灾多难，苟延残喘；海洋和山脉正在进行一场永无休止的侵蚀与反侵蚀的斗争，互有胜负；大陆因为地震而惨遭破坏，而且这种破坏还会继续。古生物学家说，有一百万种动物在地球上生活了一两个微不足道的世代，到最后，这些动物只不过是地球上的匆匆过客，留下的只有一些骨头和石头上的印记。生物学家说，所有的生命都是以牺牲其他生命为代价的，大鱼吃小鱼，然后被更大的生物吃掉；强大的生物永远以各种方式利用和欺负弱小的生物；杀戮能力是生存的终极考验；繁衍就是自杀；爱情是生命更替和死亡的前奏。

我养了一条名叫"沃尔夫"的狗，它可以作为所有生命的代表和象征。它来到这个世界，要归功于它的警犬妈妈成功地用气味吸引了它的牧羊犬爸爸。它吃起东西来狼吞虎咽，但对酒精饮料保持着节制（尽管喝酒在当下成为一种时尚，但它滴酒不沾，拒绝一切含有酒精的饮料）。不管我们扔什么，它都会去追，它霸占了屋子里最舒适的座位，理所当然地享受着我们对它的宠爱。

它进入了发情期,把几十个"追求者"吸引到我家门口,不肯离去。邻居家的艾尔谷梗更是整夜守在我们家门口低沉呻吟,就如游吟诗人在吟唱一首爱情诗。除了艾尔谷梗的诗歌比较拙劣,这和爱情还有什么区别呢?

后来,"沃尔夫女士"在无数次的骚动和痛苦,并对这一切的意义进行冷静思考之后,生下了一屋子的小狗。它耐心地哺乳,时刻保护着它的孩子,见有危险靠近,就狂吠不止。狗崽们也很贪吃,好几次沃尔夫差点儿因为奶水不足而丧命。有时,它从碗里舐食牛奶,它的孩子则用嘴拉扯着它的乳房。然后,我看到的就是生命漫无目的地循环和重复。小狗一只一只地被送走,沃尔夫刚开始还会到处寻找自己的孩子,但仅过一天就把它们忘得一干二净。最后留下的一只小狗欺负它,虐待它,偷它的食物,咬它的腿,但做妈妈的沃尔夫"大人不记小人过",任凭小狗撒泼胡闹,就像圣母对她的孩子那般宽容慈爱。等最后一个孩子也走了,沃尔夫并没有表现出失子之痛。它又回到少女时代,过着无忧无虑的生活,直到爱情之火再度燃烧，村子又变得骚动不安起来。它再次交配，再次生产，又开始了一次完整的生命轮回。

人类生命的本质不也是如此吗？抛却那些华而不实的东西，人类的生死轮回难道比沃尔夫的故事所揭示的更有意义？我们平常读到的有关"出生"、"婚姻"和"死亡"的新闻，揭示的正是人类的基本历史，其他一切都是可有可无的点缀。从狗的角度反观人类，埃洛伊丝和阿伯拉尔的崇高爱情，抑或描写伦敦温坡街的抒情短诗，都只是大自然狂热演变进程中的偶然事件。男人对女人的追求，两性的身体展示，女人的半遮半掩欲露还羞，诱人的香水，优雅的动作，对异性的偷瞄，对妇科知识的了解，所有影视剧中的爱恨情仇，各种生财之道，裁缝浆洗，梳妆打扮，载歌载舞，招蜂引蝶，高谈阔论，心痒难耐——所有这一切都是繁殖仪式的一部分。人类的这个仪式越来越复杂，但结局始终未变：男人和女人有了一个孩子。

这个孩子曾经拥有不朽的灵魂，而现在各种腺体取代了不朽的灵魂。在物理学家眼里，这个孩子只是一团分子、原子、电子或质子；在生理学家眼里，他是肌肉、骨骼和神经的松散结合；在医生眼里，他是一个会有病痛的血肉之躯；在心理学家眼里，他只是遗传和环境的被动传声筒，是饥饿和爱情引发的一系列条件反射。这个奇怪的生物产生的每一个想法几乎都是错觉，每一种感觉几乎都是偏见。他会创造各种有关自由意志和不朽生命的精辟理论，而自己却难抵岁月的涤荡，渐渐老去，最终化为尘土；他还将构建伟大的哲学体系，达到观滴水可知沧海的境界。这个叫人的"叉形萝卜"很少会想到他只是亿万物种中的一员，是大自然心血来潮时的实验杰作，正如屠格涅夫所说，大自然对人和跳蚤一视同仁，谁也不偏爱。

诗人罗伯特·彭斯曾经天真地企求诸神赋予他超脱人类、旁观自己的能力，然而最终只有科学才能给我们一双看清自己的慧眼。最后，我们恍然大悟，对于狗来说，我们只是一群聒噪的空谈者；对于蚊子来说，我们只是它们吸血的对象。有些人最终达到客观的至高境界，同时放弃了最后的偏见——对审美的判断。我们承认，祖鲁人以胖为美的审美标准不无道理，而火星人除了喜欢牧羊犬和母马，也可能对女性之美情有独钟。渐渐地，我们不再处于宇宙的中心和顶峰。以科学的眼光来看，我们人类这个物种只是宇宙中四处飞散、微不足道的碎片，正逐步走向灭亡。

4　历史

19世纪是历史的时代,也是科学的时代。人类对事实的炽烈渴求不约而同地转向了历史,在对人类历史进行一番梳理剖析之后,我们看到国家和民族兴衰成败的规律。最后呈现在我们眼前的是一幅国家和民族兴亡的全景图。培根有言,历史是沉船的木板,除了颓废、堕落和死亡,似乎没有什么东西是确定无疑的。

地球上出现的人种数以千计——皮尔丹人、尼安德特人、阿布维利人、阿舍利人、莫斯特人、奥里尼雅克人、克罗马农人、罗得西亚人、北京人,他们在地球上繁衍生息了几千年,彼此纷争、迁思回虑、发明创造、绘画雕刻、生儿育女,但留给后人的不过是几块燧石和一些刻画符号,几千年来早已被人遗忘,只是到了今天,喜欢探究的考古学家才用尖镐和铁铲将它们挖了出来。

上千种文明消失在海洋或地表之下，像沉入大西洋海底的亚特兰蒂斯海岛一样，留下的只是一个传说。突厥斯坦、摩亨佐-达罗、迦勒底的吾珥、帖木儿的撒马尔罕、高棉人的吴哥、玛雅人的尤卡坦、印加人的秘鲁，这些地方都已成为它们自身文明的陵墓。这还只是我们已经发掘出来的少数文明的一部分，我们可以想象一下，还有多少文明被淹没在历史的长河中，没有留下任何痕迹。想想那些在人类记忆中占有一席之地的少数文明，如巴比伦、埃及、波斯、克里特、希腊和罗马，哪一个没有经历过兴衰荣辱，哪一个不令人唏嘘？看看历史充满了多少变数，千古风流人物也难以抵挡时间长河的涤荡，就算是莎士比亚，死后不用一个世纪，多半也会消失在人们的记忆之中，人们只会认为他是个粗人，说的都是一些矫揉造作的废话和蹩脚的双关语。

亚里士多德说，人世间的万事万物一次次地被人们发现，又一次次地被人们遗忘。亚里士多德还信誓旦旦地对我们说，进步是一种错觉，人世间就像大海，海面之上波涛汹涌，如万马奔腾，似乎要冲向某处，而海底却波澜不惊，完全是另一番景象。我们所谓的进步，也许只是表面上的变化：从服饰、交通、政府到心理学和宗教信仰，从民主、行为主义、基督教科学派到汽车、裤子，这些方方面面的变化都称不上进步，它们只是旧事物应用了新方法，是人类在试图破解永恒谜团的徒劳尝试中犯下的新错误。在千变万化的表象之下，本质永远未变。使用蒸汽挖土机、电钻、拖拉机、加法机、飞机、坦克、机枪和炸弹的现代人，与使用木犁、燧石刀、圆木轮、结绳记事和毒梭镖的原始人没有本质的区别。虽然他们的工具各异，目的却一样。这些现代化的工具规模是变大了，但现代人的目的却和史前或远古时代的人一样粗俗、自私和愚蠢，一样自相矛盾，一样害人害己。一切都在进步，唯有人在原地踏步。

因此，所有的历史，人类所有引以为豪的积累和发现，有时似乎就是一个徒劳无果的循环，一部令人厌倦的悲剧。在这部悲剧中,人类像古希腊科林斯城邦残暴的国王西西弗斯一样,一再把发明创造和劳动者推向文明和文化的高山,结果却因为土地资源枯竭、产业转移、入侵者破坏或知识分子不能生育等因素,其岌岌可危的上层建筑像巨石一样一次又一次从山上滚落,将人类从文明的山巅打回野蛮的山谷,变为旧中国的苦力、印度的佃农、埃及的农夫、沙俄的农民和欧洲的农奴。孔多塞说:"人类远非完美。"的确,人类发展至今,我们离完美还有无限远的距离。

5　乌托邦

在过去的一百年里，所有的信条赋予烟火尘世的每个生命以某种意义，就像天堂给生活在中世纪的人们带来希望一样。但在这个怀疑一切的世纪里，这些信条黯然失色。"进步""普及教育""人权至上"——现在还有谁对这些东西深信不疑，心怀敬意？

我们的学校就像各种发明，教给我们新的思想和新的做事方法；教会我们怎么从小偷小摸、小打小闹上升到从银行和茶壶山[1]收受贿赂，大捞一把。学校把所有的赌注都押在智育上，结果却发现德育才是最重要的。我

---

[1] 这里指美国"庸人总统"沃伦·哈定任内发生的贿赂丑闻案。内政部长亚伯特·富尔未用公开招标方式处理茶壶山以及另外两处美国海军油矿，以低价方式让石油公司承租。在1922年至1923年期间，这项承租案成为参议员汤马思·詹姆士·华勒士负责的国会调查案。富尔最后承认接受来自石油公司的贿款。——译者注

们教人们如何阅读，结果人们只喜欢读通俗小报、看电影；我们发明了收音机，结果人们更多地用它来听低俗的音乐和群氓的偏见。技术和工程的进步给人们带来前所未有的财富——拉风的汽车、豪华的旅行和宽敞的住宅，然而到头来我们发现，我们拥有了财富，却失去了和平；汽车碾轧了道德，纵容了犯罪；战利品越多，争吵越激烈；古代的男男女女可以为了更多的家产争个头破血流，斗个你死我活。

我们发明了有效的避孕工具，可是现在它使聪明人绝育，使无知者繁衍，使爱情沦为淫乱，使教育者沮丧，使煽动者得势，人类的整体素质越来越差。我们给所有男人选举权，结果却发现他们在几乎每座城市都支持和维护着一台邪恶的"机器"，阻挡着有能力者的上升之路；我们也给所有女人选举权，结果却发现，除了办公费用增加了，其他一切依然如故。我们梦想过社会主义，结果却发现自己的灵魂过于贪婪而无法实现。我们本质上是资本家，并不反对发家致富。

我们梦想着劳工能够组织起来获得解放，结果却发现那些"伟大的"工会与腐败的国家机器和凶恶的社会黑帮相互勾结，狼狈为奸。难道这些就是我们这些可怜的知识分子用来建设乌托邦的工具？我们最后把目光转向沙皇俄国，结果发现这个国家为了战胜贫困竟不惜牺牲民众的身心自由、工作自由和思想自由。而这些正是自由主义和激进主义的灵魂，其代表人物包括戈德温、丹诺、爱默生、克鲁泡特金、拉伯雷和阿纳托尔·法朗士。

人类历史如一幕幕大戏轮番上演，导演就是快乐的战神，它就像印度教的主神多臂湿婆一样主宰着人间万物。古埃及的辉煌是野蛮征服和专制的产物；古希腊的荣耀根植于奴隶制的泥潭；古罗马的威严体现在它的三桨座战船以及罗马军团上；欧洲的文明随着它的坚船利炮起起落落。历史就像拿破仑的上帝，站在大贝尔莎炮一边。它嘲笑所有的艺术家和哲学家，在爱国主义情绪高涨之际毁掉他们的作品，并将所有的荣誉、功劳和史册都献给了马尔斯战神。埃及人搞建设，波斯人来搞破坏；波斯人搞建设，希腊人来搞破坏；希腊人搞建设，罗马人来搞破坏。伊斯兰国家搞建设，西班牙人来搞破坏；西班牙人搞建造，英格兰人来搞破坏。欧洲人是建了毁，毁了建。人类总是互相残杀，最开始用棍棒和石头，然后用弓箭和长矛，接着使用方阵和步兵队，再后来使用大炮和步枪，接下来是无畏战舰和潜艇，再接下来是坦克和飞机。建设和进步的规模有多大，有多宏伟，破坏和战争的规模就有多大，有多恐怖。战争之前，每个民族都昂首挺胸、志在必得，战争过后，它们一个接一个被斩首。奥兹曼迪亚斯荒芜凄凉的雕像底座上刻着狂妄的字句："吾乃万王之王是也，盖世功业，敢叫天公折服！"奥兹曼迪亚斯是"建造狂魔"，也是"万王之王"，但经过的旅人见后只是轻描淡写地说道：

此外无一物，但见废墟周围，
寂寞平沙空莽莽，
伸向荒凉的四方。

6 思想者的自我毁灭

历史在本质上对善与恶、生与死一视同仁。在更为公正的未来世界，面对历史的这种不偏不倚的破坏性，人类的灵魂拥有了更坚定的信念。在这个公正的世界，所有的错误都将得到纠正，上了天堂的穷人也将有幸用指尖蘸水滴在下了地狱的富人的舌头上。[1]

昔日的宗教信仰有一些残忍的东西；佛陀崇高的教义和基督温和的福音遭到了时间的诋毁，变成了神圣的复仇狂欢；每个天堂都有一个地狱，善良的人们热切地把那些人生得意的人，或者误入信仰歧途的人送进地狱。在那些"快乐的日子"里，人们都相信生活是邪恶的：乔达摩把个体意识的消亡称为最大的善，基督教会把生

---

[1] 参见《路加福音》第 16 章第 19 节至第 26 节财主和拉撒路的典故。

命描述为流泪谷。人们可以对尘世悲观,因为他们是憧憬天堂的乐观主义者,透过云层,他们看到了福乐仙岛,那里是永恒的极乐世界。

写下这些话的时候,楼下的街道响起了歌声。一位黑衣少女,在疯狂的铜管乐队的伴奏下,唱着《万古磐石》("The Rock of Ages")。我默默地跟着哼唱副歌部分的歌词,虔诚的青春时代的所有美好回忆不禁映入眼帘。我赶紧走下楼梯,加入自发聚集在歌手周围的人群。乐队里穿着演出服的男生,个个表情严肃,一身俗气,我怀疑宗教信仰对他们而言早已成为一桩赚钱的生意。乐队女生也穿着演出服,声嘶力竭地唱着,她们脸色苍白,身形瘦弱,心灵空虚。任何精神的东西一旦被出售或用来展示,就失去了存在的意义。

与乐队成员不同的是,围观的人群表情没有那么僵硬。这些人看起来大都一贫如洗——既没有工作,又身无分文,生活中不得不遭受剥削,忍受贫穷,他们是在自然选择中被永远淘汰的一群人。然而,他们并不痛苦,他们耐心地聆听着布道者发表长篇大论，劝说他们皈依温柔仁慈的基督。布道者有时会辱骂和斥责，但他们中的一些人似乎得到了安慰，有那么一瞬间，他们瞥见了另一个世界，在那里不用每天担心失业后再也找不到工作，再也不用拖着疲惫的双腿忍饥挨饿。一位老妇人站在黑漆漆的门口，满怀希望地聆听，她热泪盈眶，口中喃喃地祈祷。但大多数人只是站在那里笑着，流露出怀疑的神色。在他们看来，他们的贫穷并不能宣告上帝的荣耀。歌声重新响起的时候，没有一个人想再听一遍，他们一个接一个默默地走开了。我们这个时代的怀疑主义甚至控制了这些极为纯朴的灵魂。这些人缺衣少食，找不到可以抚慰心灵的信仰。和他们相比，我衣食无忧，比他们幸运多了，我又怎么能完全理解他们生活中的绝望呢？

当今科学给人们带来各种非凡的发明创造，人们开始相信科学，就像他们过去相信牧师一样。科学告诉他们，过去许诺给他们幸福的天堂，只不过是一片蓝色的虚无世界，是一处空旷、寒冷的空间，那些天使嬉戏的云朵只是地球上蒸发的汗水。

科学带给我们的不是心灵的慰藉，而是死亡。世间万事万物，不管是天文学家揭示的浩瀚宇宙，还是焕发着青春活力的女大学生，都将成为过眼云烟。今天看起来英俊挺拔、精力充沛的青年运动健将，明天将被不起眼的微小细菌击倒。用完美音乐谱写时代华章、让无数人沉浸于音乐之美的卓越钢琴师，其实已经病入膏肓，不出十年，他的躯体将在坟墓中腐烂。

我们这个时代最大的问题不是共产主义与个人主义之争，也不是欧美之争，甚至不是东西方之争，而是人是否能忍受没有上帝的生活。宗教比哲学更深刻，它拒绝把人类的幸福根植于现实的大地，它把人类的希望建立在知识永远无法到达的地方——来生。

也许亚洲比欧洲更深刻，中世纪也比现代更深刻，因为它们对科学敬而远之。科学似乎扼杀了它所触及的一切，将灵魂简化为大脑，将生命简化为物质，将人格简化为化学，将意志简化为宿命。也许，某个自信而坚忍的民族，因为仍然怀有强烈的宗教热情，将吞并、同化这些幻想破灭的西方民族，西方人对科学的迷恋无异于自寻死路。

这就是思想的最后胜利——它瓦解了一切社会，最终也毁灭了思想者自己。也许，思想的发明是人类的主要错误之一。原因有三，首先，思想剥夺了道德超自然的约束力和神圣性，从而破坏了道德的权威，使道德的社会功用只是为了拯救警察。没有了上帝的道德，就像交警徒步去执法一样有一种无力感。其次，思想将性行为与传宗接代区别开来，取消了对淫乱的惩罚，把个人从族群中解放出来，这些都破坏了社会的根基。现在只有无知的人才去传宗接代。最后，思想通过天文学、地质学、生物学和历史学向思想者揭示了一幅全景图，思想者在这幅全景图中认清了自己不过是宇宙时空中闪烁不定的瞬间和微不足道的碎片。思想本身使思想者丧失了对自己意志和前途的信念，让他的命运黯然失色，让他灰心丧气，让他对命运俯首听命。总之，思想造就了思想者，也毁灭了思想者。

在可怕的大结局中，哲学与科学携手，制造了大毁灭。哲学大力宣扬并孜孜以求的整体观，显然是人类决心和快乐的最危险的敌人（尽管极为罕见）。世界广阔无边，物种不计其数，时间没有尽头，存乎其间的个人还有什么意义或尊严可言？知识越多，悲伤越多，大智慧里藏着大虚空。

7　大结局

这就是我们这个时代所面临的挑战，相比之下，所有其他的哲学、宗教、经济和政治问题都是微不足道的问题。我们的经济体系明显崩溃也只是暂时的，我们没有必要杞人忧天。如果读者读到这里，内心深感不安，这是好事。现在应该让读者自己好好思考一下支撑自己信仰的精神力量是什么，他对这种绝望哲学又会如何诚实作答。如果我们不希望浑浑噩噩地生活，并知道如何权衡利弊，我们就必须面对所有这些疑问，只有这样，我们才能说我们的生活是理性的。

第二章
生命的意义之答

第三編
王朝漢文之日

1　文学家的观点

本书开头的那封信是 1931 年夏天被寄出的，收信人是当时社会生活和思想界的百余位杰出人士。每封信内都附带请求，允许我可以公开发表他们的回信。有相当多的人请求谅解，表示不愿回信，以免受到牵连。特别是一些政府官员，他们不愿意坦率地谈论如此微妙的问题，因为他们的任期长短（在某种程度上）取决于蒙昧不察的民众对他们的好感度。我充分理解他们的意愿，也承认在信中要求这些公众人物发表个人意见有点儿过分，毕竟在一个民主国家当官还是需要一点儿伪善的，否则就要付出沉重的代价。

在这种情况下，我很惊讶还能收到这么多回信，回信的人居然也如此坦率。西奥多·德莱塞是美国最伟大的小说家，他当时正忙于关心人们失业的困境，竟也在1931年6月23日给我回了信，内容很简短：

在我看来，您6月15日的来信已经很好地回答了这一问题："生命的意义或价值是什么？"如果我时间充裕，能按照您的要求回答这一问题，回信恐怕会跟您的来信一样充满了抱怨。

著名批评家亨利·路易斯·门肯对当代美国文学和思想产生了极大的影响，他的回信非常坦诚。

简单来说，您的问题就是：我从生活中获得了哪些满足？我为什么要不断地工作？我不断工作和母鸡不停下蛋是同样的道理。每个生命隐隐之中都有一种强烈的冲动，这种冲动促使他积极活动。生命的本质就是生存下去。什么事都不做其实是非常痛苦的，也会危害机体健康，除非是剧烈活动之后需要恢复体力——事实上，人不可能什么都不做。只有垂死之人才会无所事事。

　　当然，个人能从事什么具体的活动是由他的先天禀赋决定的。换句话说，是由遗传因素决定的。我不能像母鸡那样下蛋，因为我生来就不具备下蛋的遗传基因。出于同样的原因，我当选不了国会议员，不会拉大提琴，也没有在大学里教形而上学，更没有在钢铁厂当炼钢工人。我做的只是我感到最得心应手的事情。碰巧，我天生就对各种思想有着强烈的兴趣，喜欢思考。我恰好又比一般人更有语言天赋，能把思维诉诸文字。就这样，我成了作家和编辑，一个编制和经营思想的人。

　　这一切几乎都是在不经意间发生的。我所做的一切都不是我自己的选择，而是冥冥之中注定的。少年时代的我对精确的数据有着浓厚的兴趣（但始终是次要的兴趣），很想当一名化学家，而可怜的父亲却想让我从商。有时候，我也跟其他穷人一样，总想着靠小聪明赚大钱。但我最终还是当了作家，而且终生也不愿改变，就像奶牛一生都在产奶一样，尽管产杜松子酒似乎更符合它的个体利益。

我比大多数人要幸运得多，因为从少年时代起，我就能够做自己喜欢的事情，而且衣食无忧——哪怕没有报酬，我也乐意去做。我相信，大多数人没有这样幸运。多少人迫于生计做着自己不喜欢的工作。尽管我和其他人一样历经人生困苦，但生活还是非常轻松和愉快。因为即使在困苦中，我也可以做自己想做的事，这给我带来极大的满足感。总的来说，我做的都是自己喜欢做的事。至于这些事对别人有什么影响，我不关心。我写作和出书不是为了取悦别人，而是为了满足自己，就像奶牛产奶不是为了让奶牛场主赚钱，它也是为了满足自己。我觉得我的大多数想法都是合理的，但这无关紧要。世人可以接受它们，也可以不予理睬，反正我已经从"孵化"这些想法中找到了乐趣。

除了喜欢的工作，我还从赫胥黎所说的"家庭情感"——与家人和朋友的日常交往——中找到了幸福的秘诀。我家曾有过一段苦日子，但家人从来没有为此争吵过，也没有真正受过穷。不管是跟母亲、姐姐还是和妻子在一起，我们都是相亲相爱的一家人。

跟我交往的人大多是故交。有些已经相识三十多年了。相识不到十年的朋友我很少引为知己。和这些朋友在一起，我很开心。工作之余，我总是迫不及待地去找他们。我们志趣相投，世界观相似。他们大都像我一样喜欢音乐。音乐带给我的快乐，是其他任何东西都无法比拟的。光阴荏苒，我对音乐也愈发热爱。

至于宗教信仰，我不信任何宗教。长大之后，我从未有过任何信教的冲动。我的父亲和祖父都是不可知论者，尽管我小时候也上过主日学校，接触过基督教神学，但从未有人要求我信教。父亲认为我应该对基督教有所了解，但他显然没有指望我会接受基督教。他很了解我的想法。我在主日学校里学到很多赞美诗，同时也强烈地意识到基督教信仰和上帝的荒谬可笑。从那时起，我读了很多神学著作（也许比一般的牧师读的还要多），但从未发现有什么理由能改变我对基督教的观念。

在我看来，基督徒对上帝的膜拜是一种卑贱而非高尚的行为。如果上帝真的存在，他应当被千夫所指而不是受万人敬仰。我在这个世界上极少看到所谓的上帝有多么仁慈。相反，在我看来，他的所作所为恰恰表明他是一个愚昧无知、邪恶残暴的家伙。说这句话，我无愧于良心，算是非常客气了，其实他对我本人还不错，但是我受不了他对其他人的残酷折磨。要我敬畏一个操控战争与政治、灌输神学又带来癌症的上帝，那简直是不可能的事情。

我不相信永生，也不追求永生。永生不过是卑鄙之人幼稚的一厢情愿罢了。基督教所谓的永生只不过是一种手段，用来报复世上过得更好的人。我不知道人类生命的意义是什么，估计没什么实际意义。我只知道自己的人生经历非常有趣。即便在生活中遭遇挫折，也是一种乐趣。此外，挫折可以让人愈挫愈勇，这正是我最钦佩的品质。我认为，最高尚的人就是与上帝抗争并最终战胜上帝的人。我无意做世界上最高尚的人，死后我甘愿化为虚无。毕竟好戏终有落幕的时候。

路易斯·门肯

这封回信赏心悦目，把它附在书内，我有点儿良心不安，好似偷了宝石的窃贼。门肯先生用母鸡和奶牛做比喻，真诚且谦逊地做了自我分析，如果我身上也有这种品质，那么我相信他也会引用我的观点。这里，我们看到的门肯先生不仅是《美国信使》的主编，还是一个情感丰富、心思细腻的人。他坦言自己热爱音乐、热爱家庭，他一反文坛之风气，与妻子恩爱和睦——尽管他是个单身主义者，他依然非常明智地在一夫一妻制的时代结了婚。

也许是因为害怕和不相信自己天生就有一种隐秘的敏感和脆弱，他坚持机械决定论这种"强硬"哲学，对人类不断寻找超自然的慰藉没有丝毫同情。在所有的回信中，我恐怕再也找不到比这更直截了当的回答了。

在世人眼中，门肯是悲观主义者，也因此遭到不少指责，但是从他身上我们可以看出，对世界持悲观态度的人，在生活中却很有可能积极乐观。美国最著名的小说家辛克莱·刘易斯也是这类人。他不会迎合我们这些可怜的伪君子，从他的书里我们可以看出他是一个善于讽刺和怨怼的人，但其质朴的回信表明，没有必要因为机械论和无神论而感到悲伤绝望。

我认为，没有必要用宗教信仰体现生命价值，宗教信仰也不一定是悲伤的安慰剂，除非是那些在宗教下耳濡目染长大、整个思想都深受控制的人，这些人在成年后，如果失去宗教信仰会倍感失落。

我认识几个年轻人，他们在成长过程中从来没有接触过教会、正式的神学或宗教的其他方面，他们学到的伦理道德不是作为神的诫命，而是用于社会交往。在我看来，他们乐观积极，目标明确，生活满怀热忱，不逊于任何一个受过教会训练、把所有问题都抛给上帝或上帝在当地的代理人（牧师）的人。这些年轻人的满足感来自身体或精神上的健康活动，前者如打网球，后者如解决天文学问题。

我也不相信这些人到了晚年会寻求宗教的慰藉，因为我也认识一些终生没有接触过宗教的老人，他们过着宁静的生活。74岁的克莱伦斯·丹诺是不可知论者，他对人生冒险以及精神思考的热忱比既向往天堂又惧怕地狱的年迈主教更浓烈。

如果我去看一场戏，我不相信它是根据上帝的意志编剧和导演的，不相信它会一直演下去而不是在晚上十一点落幕，不相信几个月后我还会记得它的诸多细节，也不相信它会影响我的道德观念，但我并不会因此扫兴。我很享受生活，就跟享受这场戏一样。

您可以引用我的回信内容。

辛克莱·刘易斯

这三封回信都是以机械论或唯物论为前提的，事实上，那个时代最具特色的文学成就都以此为根基。一个时代的哲学会成就下一个时代的文学。那个时代的小说和戏剧——托马斯·曼、施尼茨勒、高尔基、威尔斯、德莱塞、刘易斯、托勒尔和奥尼尔的作品就是上个时代达尔文、斯宾塞、尼采和卡尔·马克思等人哲学思想的回声。萧伯纳接受了柏格森的哲学思维，奥尼尔正是站在弗洛伊德和叔本华的肩膀上，才成为美国的索福克勒斯。文学界还没有发现1932年的科学已经在严重质疑1859年哲学的合理性。

我说得不太准确，那个时代的主要作家并非都打着机械论的旗号。例如约翰·厄斯金就以他特有的温文尔雅和宽容大度表达了对机械论的质疑。

尊敬的杜兰特先生：

人类似乎有两个思维误区。其一是忘记我们的精神生活同物质生活一样自然。不管哲学家是否承认我们有灵魂，我们显然拥有某种东西可以使我们产生梦想和理想，并建立自己的价值观。我个人的倾向是全盘接受我们与生俱来的天性，不必区分这种天性是双重的还是单一的。我会很自然地把想象出的最终目标当作上帝崇拜，我认为其他人也会这样做。人们对上帝的看法会因时因地而大为不同，这一点在我看来很正常。显然，这种观念变化体现了我们的天性。

从这种角度思考生命，我想就是把宗教定义为一种艺术，即人类自我发掘的产物，其表现形式可以是伊斯兰教、天主教或苏联的共产主义。如果有人对这种定义感到不快，那可能是因为他们不像我这般重视艺术。我想用艺术一词来涵盖我们天性中所有创造理想和表达理想的功能……

如果不承认精神生活同物质生活一样是个错误，那么将精神理想与生存现实混淆就是另一个更常见的错误。如果我们愿意追随理想，把它作为希望达到的目标，那么我们或许可以善待怀有其他追求目标的同胞。但是，从历史上看，信仰过于执着往往会使我们陷入平庸……

如果说人生是一种艺术，对某些人来说这种说法就忽视了人性中的道德属性。我相信人类本能地使生命变成艺术的时候，道德的约束已然隐含其中。虽然我们有时会说到享乐之路，但事实上，糟糕的生活和美好的生活一样艰难，都是荆棘载途。现实告诉我们，通往救赎的道路狭窄而漫长。它还告诉我们，犯罪者的道路也是困难重重的。人类唯一的出路就是过上自己愿意为之努力去奋斗的生活。我相信人们憧憬过上值得纪念的生活正是人性神圣使然，在生活中不伤害他人、乐于助人、增长智慧，内心会更加平和。

约翰·厄斯金

1931 年 6 月 29 日

查尔斯·比尔德是那个时代的一位智者，他用谦虚、不确定的语气回答了这个有无限可能的问题。

尊敬的杜兰特先生：

您提出的问题很重要，可能是一个至关重要的问题，即使真的有答案，我也很难回答。但是我们必须直面这个问题，现在我的影子斜斜地射向东方，我也越发急切地想知道答案。很久以前，或许是诗人弥尔顿说过，真理在降临时是"面目可憎"的，意思是它打乱了我们过往的错觉和信念。但是我们迟早会熟悉真理，并把它融为生活的一部分。

因此，即使我们珍视的一些理想似乎已经破灭，再也无法实现，我们也要继续努力。为什么？我们不知道原因，只能猜测。答案之一是，我们受体内的生物力量和谋生的需要驱使，同时也是为了履行我们在前进途中所承担的义务。但这样回答还不够，因为成千上万的人在拥有人们公认的好东西之后仍在努力工作。还有些人，比如威廉·劳埃德·加里森，即使身陷失败的阴霾中，也不轻言失败，而是继续前行。

我们在进行自我分析时，会发现相互矛盾的动机。当只顾一己私利时，我们会因自私不寒而栗。当受到崇高行动的召唤时，我们也会激动不已。这无关性别，不分贵贱，结果只是不同情况下的人数比例问题。

就个人而言，当我审视历史这出宏伟的戏剧时，我发现在明显的混乱和悲剧中，似乎存在着法律和规划的痕迹，以及人类精神战胜灾难的巨大成就。我确信，世界不会只是个大沼泽，男男女女深陷其中，挣扎着死去。在残酷和悲剧之中，伟大的事情正在发生，人类智慧面临的最大挑战是如何充分发挥人类独特遗产中最高尚、最优秀的一面。如果宇宙诞生之初没有宏大的设计，人类可以仅凭宇宙的碎片拼成这幅宏图。我们的哲学遗产定义了什么才是美好的生活，科技赋予我们超越自然的力量，使我们能够为全人类的美好生活创造条件。在我看来，这是人类历史长剧中最引人注目的部分，满怀对未来的憧憬让我即使在最绝望的幻灭时刻也能坚持下去。美好生活本身就是目的，为此我们要热爱生活，享受生活。智慧指引我通过智力劳动实现美好生活。这就是我的哲学思想，我就是靠它来运转我的小磨坊，让思想得以循环的。

这就是我所看到的事物的表象，即使是思想深邃的哲学家能说出来的话也不过如此。

查尔斯·奥斯汀·比尔德

康涅狄格州新米尔福德

1931年6月25日

约翰·考珀·波伊斯应该是我见过的最深刻、最细腻、最崇高的天才，他的文学灵魂戴着现代面具，把理想主义阐释得明明白白。

尊敬的杜兰特先生：

组织严密的超自然信仰崩溃，世界范围内有组织的政治体系缺乏必要的社会自由或文化，这使个人不得不重新依靠自己。为自己考虑，他可以从自身重新发现信仰、希望和快乐的奥秘。

这些生命奥秘中最神奇的力量、价值和感觉仍然可以在自然界被找到，无论是弱者还是强者，都能享有。

神秘的个人生命是一泓清泉，完全不是一时的思想潮流所能搅浑的。个人生命可以存在于任何有组织或无组织的政治、经济体系中。大自然善待弱者，也善待强者。真理不是对规律和方法的理性概括，而是一种直觉知识的增长，这意味着个体意识与大自然之间微妙的调整，这是一个来之不易、难以维持的有机过程。

亲身体验自然和生命的神秘力量，便会重新相信意志的自由、灵魂的力量以及对于存在的神秘解释。当个体意识适应自然，寻找自己的工作、自己的美丽、自己的真理、自己的正义、自己的幸福，抱着怯懦和放任的态度对待一切事物时，任何转瞬即逝的理性潮流都显得不那么重要了。

与科学的自然观不同，个体必须顺从个人观念，实践斯宾格勒解释歌德时提出的"观相视觉"——对自然现象像孩子那样感到新鲜和崇拜，同时对所有的概括和解释像农民那样保持警惕和怀疑。

让一个人恢复某种秘密的思想自由和感情自由，这种自由既令人敬畏又令人怀疑。让幸福的清泉摆脱外在条件的束缚，同时尽可能巧妙地改变外在条件，以满足肉体和精神的需要。对无足轻重的事情让步而在大处落墨，就像水自然往低处流。保持开放的心态接纳神秘事物，同时受其制约探索自然和生命的理性解释。将自己从同情的病态和自私的残酷中解放出来。把整个景象最终视为梦中之梦，死亡仍有可能将我们从梦中唤醒。坚信所有的残忍都是邪恶行径，所有的生命都神圣不可侵犯。因此，我认为，与专注于人类意识的奥秘相比，天文宇宙的重要性只能退居其次，"因为人类意识寄托着生命永恒的热忱"。

约翰·考珀·波伊斯

纽约州希尔斯代尔市

1931 年 7 月

波伊斯从骨子里就是个诗人，别指望他会接受唯物主义哲学的严苛法令。他温和仁慈，即使在向世人宣扬无神论的时候，他也会赞美那些自己认为不存在的神明，就像斯温伯恩、雪莱或济慈的赞美诗一样。诗歌一旦碰到机械的东西就会死亡，只有在生命和成长的主题下才会蓬勃发展。诗歌似乎从一开始就是对世界的精神诠释。听听美国最伟大的诗人埃德温·阿林顿·罗宾逊是如何谴责机械论的。

尊敬的杜兰特先生：

我迟迟没有回信，是因为对于这些问题没有什么特别深刻或有价值的见解。我对一位哲学家说过，如果某个哲学家碰巧发现了真理，那么其他哲学家都得失业。现在您在来信中说（或者说暗示也行），真理已被发现，而且，如果可能的话，这一发现只会使我们的境况更糟。您的说法自然使我感到懊恼，有点儿丢面子，因为我从未听说有谁发现了真理。诚然，近年来我们获得了大量关于物质世界的知识，但是对真理本身的认识很少，我们不比想象力匮乏的先祖用石斧战斗时打得头破血流时更接近真理，也不比他们更了解在死亡过程中消散的灵魂去了哪里。

人们可以轻易否认灵魂的存在，多么时髦的说法啊！但是归根结底，我们不知道人类是否有灵魂。如果一个人是唯物论者，抑或机械论者，甚至不管他信奉什么，我都可以看出他无法摆脱这种徒劳无益的信念，这种信念如此复杂漫长、透着邪恶的荒谬感如影随形，甚至比荒谬更甚。我无从辨别这种悲剧性的荒诞是否属实，只是我的本能告诉我不能相信这是事实。我一点儿都不害怕自己最终会归于虚无。不管这一天过得愉快还是痛苦，或者痛并快乐着，最坏也不过是漫长的一天结束后沉沉入睡。如果生活一如其表，不管怎么努力或者得到任何启迪都无法弥补现在以及过往遭受的痛苦和磨难，那么人们也只能尽力追随自己的光芒前行，而这光芒也好似沼泽之中虚幻的鬼火。

我并不在意现代"机械论者"的自以为是。他若停下来认真思考一下，我怀疑他是否还会那样自以为是。

他就像一个勇敢的探险者站在雾气缭绕的海角，透过最新型的望远镜眺望前方一片朦胧的海洋，并呼唤身后信奉机械论的朋友们，宣称自己发现了天涯。

有些读者可能认为这些话言过其实，但它们的确是我的观察和思考所得，并不是发泄牢骚。其实，我这一生算是相当幸运了。

埃德温·阿林顿·罗宾逊
新罕布什尔州彼得伯勒
1931 年 9 月 18 日

上述回信者都是美国人。现在来看一封来自法国的回信，这是一封见解深刻、非常慷慨的回信。《雪莱传》、《拜伦传》以及《迪斯累里传》的作者安德烈·莫洛亚用优美的法语写下如下的话语。

尊敬的杜兰特先生：

这么晚才回复您，真是抱歉。迟迟不回信有两个原因：一是因为我不在巴黎，所以过了许久才看到您的来信；二是我发现您提的问题非常有趣，所以就写了一篇长文答复您。现在我把文章寄过去，当然也授权您根据需要发表其中的部分内容。我将来出版自己的散文集时也会把这篇文章收录进去。

安德烈·莫洛亚

塞纳河畔讷伊

1931年8月21日

莫洛亚先生为我们的小型"讨论会"所写的那篇文章，文笔之优美堪比伏尔泰和阿纳托尔·法朗士。文章描述了一群英国男女乘着火箭成功抵达月球的故事。到达月球后，他们未能按计划建造火箭返航，也无法与地球取得联系，只能永久居住在月球上。十年过去了，"所有这些英国的绅士和淑女在此期间仍然保持着在英国的生活方式。总督查尔斯·所罗门爵士和所罗门夫人每天晚上都盛装出席宴会。每年国王生辰，查尔斯爵士都向陛下敬酒，所有的月球殖民者都轻声说'国王陛下'，场面感人"。

两百年过去了，他们仍然没有和地球取得联系。第七代殖民者开始怀疑那位远在地球的国王是否真实存在，因为既看不到他的身影，又听不到他的声音。他的存在成了容易上当受骗的长辈们传承下来的一种含糊不清的传统。一群背离传统的学生开始反抗，他们断然否认这个"大不列颠和爱尔兰的国王，印度的皇帝，月球的守卫者"的存在——但所有的法律都以他的名义颁布，所有的道德标准都要得到他的恩准。保守党人为此愤怒不已，斥责道："说话小心点儿，我们的传统都来自地球上的国王和传说中的英国人，如果否认他们的存在，就是否认我们自己在月球的生活。他们若不存在，你们的人生还有什么意义？你们的力量源泉从何而来？你们靠什么秘诀生活？"

最终激进派占了上风。"这段时期，月球上的年轻人陷入了忧郁、浪漫和绝望。人们纵情声色，放肆性爱，结果导致心智大乱。自由放纵后就会厌倦腻烦，紧接着就会发生动乱。人们心生不满，人们忧心忡忡，文学因此欣欣向荣。"一位伟大的哲学家应运而生，他以抒情式的笔调批判那个时代的幻灭感：

他问道："为什么脱离生命本身寻找生命的意义？传说中的国王真的存在吗？我不知道，这也不重要。我知道月球上的群山在地球的照耀下无比美丽。如果国王自始至终不见其形，不闻其声，我会怀疑他的存在。但我不应该怀疑当下的生活，不应该怀疑此刻的美好时光，不应该怀疑行动时的快乐。智者如今告诉你，生命只是星辰轨迹中的短暂一瞬。他们说，只有失败和死亡是确定无疑的。而我会告诉你，胜利和生命才是永恒的。关于死亡，我们能知道什么呢？要么灵魂不朽，我们将不会死亡，要么灵魂与肉体一同消亡，我们就不知道自己已死。还是好好生活吧，把生命当作永恒，即使有人能证明地球上空无一人，你的生活也不会因此受到影响。

你不是生活在地球上，而是活在自我之中。"

莫洛亚对自己说："嗯，这个故事可以回答那个美国人的问题。"但是他对自己的答案还有点儿不满意，于是就从现实世界着手寻找答案。莫洛亚看见两队蚂蚁爬过公园里的一条小路，一队从蚁穴出来，另一队爬回蚁穴，它们都从事着自己社会的某种"公共事业"。他想象一只富有哲理的圣蚁，颤动触角让其中一队蚂蚁停了下来，并讲了一通至理名言：

姐妹们，我们都曾经坚信蚂蚁世界是唯一至高无上的；伟大的蚁王守卫着我们，我们对蚁穴的无私奉献是一种崇高的情操，这说明所有蚂蚁的辛劳和苦难都是值得的。显然，要穿过广阔无垠又危机四伏的沙漠，片刻不停地运送这些稻草和昆虫尸体是件苦差事。我们跋山涉水、躲避飞鸟啄食，冒着被头顶上空规律行进的大型两脚动物碾碎的风险一路前进，这是多么英勇无畏啊！我曾经认为，当自我献身于蚁穴的集体荣耀时，我们就轻易实现了这种英雄主义。

但事与愿违，唉，姐妹们，经过研究和思考，请听听我的发现：我们自认为蚁穴是宇宙的中心，为伟大的蚁王所钟爱，其实它和其他成千上万的蚁穴没什么差别，每个蚁穴都居住着成千上万只蚂蚁，每只蚂蚁都认为自己的巢穴是世界的中心。你很震惊吧？我还没说完呢。虽然蚂蚁组成了一个庞大的族群，多到难以计数，但它们只是千千万万物种的一分子，是无限生命形式的一种。你们不同意我的观点吧，亲爱的蚂蚁？请继续听我说。蚂蚁不仅是多种生命形式之一，还是其中最弱小、最被人轻视的生命形式——尽管这样说会极大贬低我的自尊心。那些把我们踩进沙子的两脚怪物极不情愿地承认："我们在上帝眼里也不过是蚂蚁，微不足道。"你要威胁我吗？你已经怒气冲冲了吗？……啊，亲爱的蚂蚁，请原谅这些怪物，因为他们自以为最谦卑的时刻也会被骄傲自负的本性蒙蔽，他们自以为牢牢掌握的地球不过是一粒尘土，人类种族的存续也只是永恒中的一瞬。

姐妹们，这就是我观察人类、沙子的运动和星辰的轨迹得出的结论。既然万物皆是虚空，我要问你们：为什么要工作？为什么要搬运这些沙子和蝴蝶尸体？为什么要长途跋涉穿过危险的沙漠呢？你们在这世上辛勤劳作能得到什么呢？你们养育的下一代蚂蚁还要劳作、受苦，遭人类践踏。而这些蚂蚁成年后又会养育其他蚂蚁，直到地球了无生机——这一切遥不可及又近在眼前。所以我要对你们说：停下来吧！别受奴役做无用功，不要再被愚弄了。要知道，芸芸众生之上并没有蚁王，进步只是一种错觉，你们渴望劳作只是遗传使然。世界上没有什么是确定的，除了蚂蚁的失败和死亡——永远不会醒来的长眠。

但一只小蚂蚁礼貌地把圣蚁推到一边。它说："姐姐，你说得很好，不过我们要挖洞穴的通道了。"莫洛亚再次总结道：

这个故事大概也能回答那位美国哲学家的问题。他说，科学证明，人类的社会生活只是地球上的人形昆虫的繁衍发展史，只是这个行星上的苔藓或霉菌。但昆虫本身不想活下去吗？就连霉菌不也想好好存活下去吗？科学真的摧毁了人类自身的信念吗？除了为人类提供改变世界的强大公式，科学还有什么成就？无论有没有科学，人类都是一种霉菌。科学唯一的作用在于，让人类这种霉菌成为地球的主人。

美国哲学家会回答说："变化在于，在科学出现之前，身为苔藓的人类不知道自己是苔藓，这些昆虫也并不知道自己只是昆虫。他们相信人类的崇高尊严。魔鬼、天使和神明，总是盘旋在他们的上空，支配着他们的一举一动。对未来生活的憧憬让他们忘记了尘世的痛苦。在超自然信仰的支持下，仪式和戒律让人们摆脱了痛苦和怀疑的枷锁。但如今，又有哪位神明能让戒律生效呢？奥西里斯代替了原始部落的神明，朱庇特取代了奥西里斯，耶和华又取代了朱庇特。但是爱因斯坦或爱丁顿的名字能约束人类的欲望吗？"

一阵微风吹来，卷帘百叶窗的影子在白色墙壁上随风舞动。我想，人类的确不能在规则之外无拘无束地活着。但是本能可以使他免于这种不幸，一旦失去法律和道德之网，本能就会编织另一张网来保护他。有时这张网可以以上帝的戒律、科学的观点，抑或国王的命令等形式存在。这些形式有什么区别吗？如果我们像月球上的英国人一样，暂且不考虑象征性事物的现实意义，那么现在的法律不如以往明智吗？难道我们不应该承认这些法律尽管在不断变化，却是必不可少的惯例而最终接受吗？难道我们最终不应该承认，每一个先验性的命题都是不确定的吗？我们只知道自己没有答案。这样坦白承认有那么可怕吗？这是一种新思想吗？苏格拉底从来没有说过吗？

暮色来临。穿着背带裤的旅店老板已经把椅子搬到人行道上。镇上居民的窗户亮起灯光，照亮整个桌子。我的生活秘诀是什么？我问自己。是对教义的恐惧？还是对行动的热爱？夜幕突然降临，一片乳白色的亮光划过天空，是月亮升起来了。

　　让我们停在这里思索片刻。莫洛亚的哲学想象力如此精妙，我也说不出更好的赞美之词了。

2 从好莱坞到恒河——其他人士的回答

尊敬的杜兰特先生：

如果我想起了什么，现在回信是不是有点儿太晚了？有关哲学，我思考甚少。但是在大萧条期间，一个人会产生怎样的奇思妙想也说不准。人们常说，饥饿会激发人的无限潜能。如果真是这样，那么我们这个时代应该能产生伟大的思想。之前，我在一家周刊上发表了一些浅显的见解，版权已经卖掉了，你应该分得大部分稿费，毕竟是你打磨了其中的思想。如果里面有什么有价值的文字，尽管拿去，反正星期日的辛迪加特稿也没什么人看，就算看过，不到一天就忘得一干二净了。

其中有一两行文字可能勉强算得上是"哲学思考"。日后如果你来这里，我想和你当面聊聊。见了面你就会知道，和这些电影人比起来，你就像个老古董，因为他们对生命有着独到的见解。

好像没什么办法阻止别人写书，那就祝你好运。

威尔·罗杰斯

加利福尼亚州比弗利山庄

我从杰出的人身上偷走了许多一流的思想，他们回答了我的问题——生命的意义是什么？人类获取的知识是否会摧毁人类的希望？我认为，此番"行窃"还是值得的，因为我探得了这位哲学家点石成金的方法。我自认为"偷技"比他更胜一筹，所以想从他的文章中撷取一两点他的温和思想（当然也要向《纽约美国人》致谢）：

跟那些为报纸撰写垃圾文章的作家一样，我每天都会收到一些邮件。信的内容大多是与我相左的观点，并对我进行人身攻击，然后让我纠正自己的立场。

但是这周，我也收到几封饶有趣味的来信。其中，威尔·杜兰特的信让我感到意外。杜兰特是一位哲学家，他就相当于政界的柯立芝总统，这两位在各自的领域可谓登峰造极。

信中，他问了我一个问题——"你的人生哲学是什么"，并让我写信回答他。

我认为，简单来说（抛开所有的哲学观点），他想知道的是，一个受过高等教育的人比一个目不识丁的文盲到底强多少？我想这就是他写信给我的原因。他知道，我虽学识不深，但仍然开心满足。他不仅想知道饱学之士的想法，也想知道"呆瓜"的想法。

教育就像城市发展。刚开始发展起来时，大家都兴奋不已，高喊着"明年年底人口达到5万"的口号。以读大学为目标的人也是这样。达到了5万的目标，大家又朝着10万的目标迈进。

上过大学的人呢？也是如此。读了研究生，他会发现那些大学教师也有研究生学位，有的甚至有好几个学位。他开始怀疑，是不是没有花足够的时间思考自己是否学有所获。他希望自己也把时间花在其他事情上。和一位阅历丰富、心胸开阔的老人交谈后，他怅然若失，所以他开始思考教育的意义究竟是什么。因为这世界，唯有读书人最愚蠢。除了读了点儿书，他一无是处。

人生不过是场"骗局"，笑一笑就算了。全力以赴，但不必太较真，毕竟没有什么事非要我们这一代解决。每一代人都独立于其上一代，并不因上一代而存在。所以别再去"探索知识"了，因为越探索，你越发现自己近乎一个疯子。

你也不必追逐什么梦想。追逐梦想就像寻找海市蜃楼。找到之后，才发现是一场空。你要相信还存在另一个世界，但也不必过于纠结，免得对那个世界的生活感到失望。好好生活，即使失败，也要继续前行。

感谢威尔·罗杰斯的金玉良言。下面这封回信来自明尼苏达州罗彻斯特市的查尔斯·H. 梅奥。他是美国最知名的外科医生，他的回信言简意赅。

尊敬的杜兰特先生：

在我看来，您用一种很好的方式总结了人类有史以来的生活。

但是我工作太忙了，而且工作量似乎只增不减，所以没有时间写下对这个问题的思考。但是，我很有兴趣拜读您对这个问题的解答，我也很想知道要怎样提升自己，才不至于活得像行尸走肉。

祝您万事如意！

查尔斯·H. 梅奥

明尼苏达州罗彻斯特市

1931 年 7 月 11 日

钢琴大师奥西普·加布里洛维奇的回信优美而深刻，也带有一点儿悲观主义色彩。他总是能让我走出小小的自我，徜徉在只有音乐才能揭示的神秘现实之海。

尊敬的杜兰特先生：

　　我从国外回来，惊喜地发现有一封您的来信。我希望我能如您所愿，对来信中的问题发表一些建设性的意见，读后能让人看到希望。但是说实话，我做不到。

　　因为在回顾人类发展历史，试图厘清人类现状的过程中，我没有发现任何推动进步的发展计划。人类还是跟几千年前一样残酷、不公、无法无天（也许形式略有变化），这似乎已成为人类的天性与行为准则。

　　看看当前政治、经济和社会上空前的混乱，是不是就明白了这一点？这些结果不可避免，因为我们无力也不愿意从过往的经验中吸取教训，我们吝啬，缺乏道德勇气，还有其他的品行几千年来都未曾改变。

　　然而爱与美的确存在。虽然我们每天，甚至每小时都在牺牲理想以追求物质利益，但人类也并非没有远大理想。您在信中提到的一个问题是："请问您在哪里寻求慰藉与幸福，您最终的财富又是什么？"就我个人而言，艺术与家庭就是我的幸福之源。但是，子孙后代是否仍能拥有这些财富？这就是问题所在。艺术之美（我个人理解的美）在我们眼前尽遭摧毁，取而代之的是廉价的哗众取宠。新艺术形式的拥趸向我们宣扬：美不再是艺术的主要目标。在信中，您对家庭的未来充满了担忧，我也一样。东方世界已经出现工业革命的曙光，它如果席卷世界，就有可能摧毁我们的家园。迄今为止，它已经消灭了许多我们以为坚不可摧的东西。

尊敬的杜兰特先生，这也许不是一个满意的回答……通常来说，遇到悲观主义者，我们很难不怀疑他曾与命运做过无力的抗争。就连叔本华这样的哲学大家都难逃这种指控。我又怎能逃脱得了？然而，我没什么好抱怨的，在命运的掌控下，我的人生过得还算安稳。

到现在我都依然认为，一个人的人生哲学不应该建立在个人的经验基础之上，而是应该建立在广泛而又公正的观察之上。我们都有眼睛和耳朵，都有机会观察身边许多人的生活。会有人以自身的福祸来臆断整个世界吗？那样也未免太狭隘了。我不用担心一日三餐的问题，这是否就代表世界上没有人挨饿了？有些人身体健康，那我们是不是就可以对每天正在忍受各种病痛的人视而不见？

奥西普·加布里洛维奇
密歇根州
底特律音乐厅
1931 年 8 月 21 日

如此生动又诚实的话语也只能出自音乐家敏感的灵魂。北极探险家维贾尔默·斯蒂芬森对极地生活了如指掌。他的回答也很诚挚，只不过这是一种截然不同的诚挚，如北极的寒风般豪放、粗犷。

尊敬的杜兰特先生：

您问了我一系列问题，想知道我对它们有什么看法。"宗教信仰对您有什么帮助（如果有的话）？"从我在哈佛神学院学习宗教和哲学以来，我就一直在思考这个问题。但是观察似乎更为重要。我发现，信教的人觉得信仰让自己过得更好，而不信教的人觉得无信仰让自己过得更好。对于这两种观点的是非对错，我没有定论。就我个人而言，我绝不会靠信教来排解忧愁，也不会借酒消愁。

"您前进的人生动力是什么？"我觉得是食物，或者称"燃料"。因为本质上，我们是靠热量运转的机器，依靠一定数量和质量的燃料运作，直到机器零件出故障，不能继续运转为止。

"您的灵感源泉是什么？"还是食物，以及身体对待食物的方式。比如，两年前，我住在纽约及其周边地区，仅靠肉和水过了一年。那段时间，我发现自己更加乐观了，总是满心欢喜地盼着明天和下一年的到来。我如果吃得跟平时一样丰富，就不会有这种感觉。我的灵感还源自天气和充足的睡眠。

但是，作为一名哲学家，您可能更想知道我精神上的灵感来源。确实也有一些，但主要的是，如果我感觉有什么值得追求，那么我觉得是增长知识和传播知识。所以只要有机会，我就会在这方面不懈努力。

我不清楚从大学课堂和报纸的周日增刊中学习知识，我是付出得更多还是收获得更多。如果没有人能找到生命的意义，那么也没有人能证明生命是无意义的。

也许生命是否有意义这个问题本身就没有意义。

维贾尔默·斯蒂芬森
1931 年 6 月 16 日

有些回答略显"偷懒"，让我去参考他们写的一些书。阿图尔·施尼茨勒在去世前寄来《箴言与思索》完整版，就算是他的回答了。赫伯特·乔治·威尔斯说，他所有的书一直在探讨这个问题。尤金·奥尼尔在他的《悲悼》三部曲中也探讨了这一问题。而哈夫洛克·蔼理士则在回信中写道：

尊敬的杜兰特先生：

您提出的这个问题当然是一个最重要的问题。我们这些真正活着的人穷尽一生，都在回答这些问题，并在工作中（无论是什么样的工作）给出答案。

如果您想让我给出一个言简意赅的答案，我会毫不犹豫地推荐您看《生命之舞》，这本书是我在思想最成熟的时期慢慢打磨出来的。我还想推荐《印象与评论》，它总共分三个系列，现在合成了一卷出版，书名叫《生命之泉》。这本书探讨的是同一个问题，只不过更像一家之言，论述也比较零散。

祝好！

哈夫洛克·蔼理士

伦敦

1931年6月18日

美国自然历史博物馆的亨利·费尔菲尔德·奥斯本说他的生活太过忙碌，没有时间去思考这个问题。但是他补充道："我现在研究的东西让我相信，我们应该在'进化'一词前面加上'创造性'，这样才能与之前的'被创造'区分开来。"他说，这些研究是他生活的重心，也是他的精神支柱。艾德米勒·彼尔得似乎在这个问题上思索了很久，但最后还是放弃了，因为这个问题似乎比南极探险还难。他在第一次回信中说："我对您的来信很感兴趣……毫无疑问，真相会让许多爱思考的人陷入悲观和绝望。我对您提的问题思考了很多……除非我们对这个世界有一些建设性的想法，否则绝望将造成巨大的破坏，这是很有可能的。"这位探险家揭示了千年难解的地理谜题，是个不折不扣的行动派。在后来的回信中，他还抱怨自己的时间不够用。生活好像在通过他的例子告诉我们：行动比思考更有好处。正如"致知在于躬行"这句拉丁语格言揭示的道理一样：哲学问题也只能通过行动解决。歌德说过，不导致行动的思想是一种疾病。

还有一个行动派，那就是卡尔·拉姆勒。他整天沉浸于电影制片厂的嘈杂与忙碌，只有通过行动，他的电影才能拍得如此生动形象。这样的人回答这个问题应该会很有趣。拉姆勒为人谦逊，他的回答简单而坦率。

尊敬的杜兰特先生：

我很喜欢您的来信，也很高兴能回答您的问题。但是我很抱歉，恐怕要让您失望了，因为说实话，我的回答也一样陈腐。至少我担心会给您留下这样的印象。

如果科学和哲学已经将我们引上了您信中所述的那条可怕的道路，那么是不是说明我们不应该思考过多？以我的经验来看，大多数人偏离人生方向是因为反省过度。

您问我人生前进的动力是什么？说出来可能会招来聪明人的嘲讽，但我还是要说，是工作。看到自己的想法逐渐成形并产生具体的结果，我会有一种快感。即使有许多想法无法变成现实，也无法剥夺我从这些想法中获得的快乐。我喜欢权力带来的快感，您应该看得出我是一个多么坦率的人，所以我就直言不讳了，我希望工作能给我带来实实在在的经济收入。但是支撑我不断前进的是工作本身及其带来的成就感。我不能像某些人那样尽情玩耍，因为我的视力不是很好，听力也有所下降。所以我平时的娱乐活动有限，只和三五好友打打牌，或者小赌一把。

至于宗教，我也不清楚它到底给了我多少帮助。它很可能不知不觉地帮了我，我之所以有各种理想，肯定离不开宗教信仰。宗教信仰也可能赋予了我力量，可我没有确切的证据。但是曾有一次，所有人都以为我死了，我却奇迹般活了过来。

我的慰藉和快乐源自我的孩子、孙子以及亲朋好友。您问我的财富究竟是什么，我想我的财富就是殷切希望我的子孙能衣食无忧，幸福快乐。

我想知道，您说"我们不得不得出这样一个结论：人类历史上最大的错误是发现了'真理'"的时候，是否是在开玩笑。我们什么时候发现了真理？迄今为止，我还没在报纸上看到相关报道。我一直认为，我们每个人都希望以自己的方式发现真理，这种希望也占据了我们生活的大部分，不管我们有没有意识到这一点。不同的人都认为自己发现了真理，其实这些所谓的真理都不能被称为真理，这就是为什么我们尚未摆脱真理的桎梏。谢天谢地，我还活在自己的妄想之中，没有像某些科学家和哲学家那样陷入思想的深渊而无法自拔。我为他们感到惋惜。

我一生劳碌，经历了种种人生考验，有危机，有挫折，也有成功，但不管怎样，我都乐观面对。对此，我不胜感激。除此之外，如我所说，我不知道自己的主要目标是什么，但我知道，我如果不乐观，就可能什么目标都没有。

我宁愿一直做一个忙碌而快乐的商人，也不愿做最伟大的圣人，因为圣人想得太多，只剩苦楚与绝望。

卡尔·拉姆勒
1931年7月1日

这个问题在生活中就是这样被解决的。我们忙于生存，无暇思考生命的终极意义。我们要把工作做好，便逐渐忘却了这一问题。忙于养家糊口的人没有时间去思考哲学问题，就算有，答案也无非养家糊口，没有更好的回答了。

现在让我们一起来看看达特茅斯学院当时的院长是怎么看待这一问题的。他在教育界享有盛誉。从他的回信中我们可以发现，他认为脱离了生活的思考不可取。

尊敬的杜兰特先生：

我仔细拜读了您6月16日的来信，也认真思考了您的问题。我已毕业多年，不知道能否给您有用的答复，或是清楚地表达出自己对这个问题的想法。但是，我还是会尽力回答您的问题。

在我看来，人生的价值在于，它提供了一个又一个机遇。我无法想象居然有人会怀疑生命的价值。比如，有一天你看到了这样的美景：一望无际的蓝天上飘着朵朵轻盈如絮的白云，天气宜人，树木葱郁，百花齐放，黎明时分，鸟儿也唱起了歌。你还会质疑生命的价值吗？这些经历都无法用价值来衡量，但在我看来，它们足以让所有的普通人感到活着本身就是一种了不起的特权。我们能从小提琴演奏的音符与白喉带鹀美妙的歌声中获取快乐，但是任何科学分析和文字都无法解释其中的原因。尽管无法分析，无法判断也无法解释，但是它们仍然真实存在。因此，对我而言，我的存在以及与此相应的感觉能力、思考能力以及行动能力都是无法估价的生命恩赐，生存并不意味着我们要承受生命之重。

在现代文明中，思想界误以为真理本身就是终极目的，而忘了它不过是达到目的的手段。要想寻求生命的圆满，我们得沿着真理的道路前行。但这只是路径而不是终点。宗教信仰永恒的价值在于，它能抑制人类心中的欲望与妄想。所谓的哲学已越来越倾向于辩证，有些文字充其量只是对思想的不准确表达，且未考虑感情的价值，却要被赋予价值，所以哲学越来越贫瘠。表达不出来的感情未必就不是真的。"我来了，是要叫羊（或作人）得生命，并且得的更丰盛。"每一位伟大的宗教领袖都说过耶稣说过的这句话，只不过说的方式不一样。哲学家从不给出这样的定论。他们崇尚理性，没有情感冲动，也不认为生命有什么值得追求的目标。

我认为，哲学之所以无法占主导地位，是因为它忽视了人类的体验，因而也未能检验理性思考的有效性。柏拉图曾有一段关于哲学家和国王的著名论述。他指出，思和行无法分离，任何一方都不能作为一种特殊活动而单独存在，否则就不完整："直到……认为思行互斥的普通民众做出让步，我们的国家才有生的可能，才能看到光明。"……

祝好！

欧内斯特·M.霍普金斯

1931年6月30日

显然，宗教不会消亡。对大多数人来说，它仍然是所有人（无论善恶）的动力。我在阿道夫·奥克斯的回信中感受到这种动力。他是当代新闻界最杰出的刊物《纽约时报》的发行人。通过这封信，我更能明白为什么奥克斯能够悄无声息地取得巨大的成功。《纽约时报》从不趋炎附势，却成了美国最受尊重和最有影响力的报刊之一。

尊敬的杜兰特先生：

您的信宛若珍宝，请允许我发表出来。您问我生命的意义是什么，宗教信仰对我有什么帮助，我前进的人生动力是什么，我的灵感和力量的源泉是什么，我辛勤工作的目标或动力是什么，我在哪里寻求慰藉与幸福，我最终的财富又是什么。

要想更清楚地表达我的观点，我可能要花上更多时间好好思考一下。可以这么说，我继承了健康的体魄和良好的道德原则。我会认真完成手头的工作，并从中找到乐趣。在帮助父母和其他人的时候，我也会感到快乐和满足，我的人生也因此有了价值，同时我找到了慰藉和幸福。生活在犹太家庭，生活和宗教信仰让我的精神得到升华，也让我对提升潜意识的自我产生了责任感。潜意识的理想自我就是我心中的上帝，不可知也不可说。这让我相信，我绝不仅仅是一个动物，我们的精神实质也不止于今生。

祝好！

阿道夫·西蒙·奥克斯
1931 年 10 月 22 日

人们越来越清楚地认识到，只有思行合一，才能过上完整而有意义的生活。对我们来说，拥有像《纽约时报》一样的纪念碑式刊物，这一辈子就已经意义非凡了。让我们漂洋过海，来到印度，看一看年轻的斗士贾瓦哈拉尔·尼赫鲁是如何回答这一问题的。在印度争取自由的斗争中，他的领导地位仅次于甘地。甘地去世后，他成为印度自由斗争的领导人。

尊敬的杜兰特先生：

您信中提到的问题十分有趣，但也让人感到惶恐。因为根据您的说法，我们势必会得出这样一个结论：所有的生命都是徒劳的，所有的努力都是白费的。我很荣幸您能问我这些问题，但我觉得自己实在没有能力回答。不巧的是我现在并无闲暇，即使有，回答您的问题也绝非易事。

印度人能从形而上学中获得乐趣，但我总是避而远之，因为很久以前我就发现，形而上学只会让我迷茫，并不会给我带来慰藉，对我的未来也没有什么指导作用。狭义的宗教对我来说毫无吸引力。我曾对某些科学有所涉猎，不过只是蜻蜓点水，我从中找到了乐趣，眼界也似乎开阔了一点儿。但我还是优柔寡断，疑虑重重，甚至有点儿愤世嫉俗。社会主义与民族主义的模糊理想萦绕在我的心头，后来这些模糊的理想渐渐融合到一起，我也更加渴望印度获得自由。对我来说，印度的解放并不仅仅意味着民族自由，它还意味着数百万印度人民摆脱剥削，脱离苦难。印度已俨然成为世界上所有受压迫者苦难的象征，但是我想把这种强烈的民族情感延伸到国际上，因为所有被压迫的民族和人民都应该得到解放。

我无法释怀，也很无助，似乎也没有什么好的方法可以让我实现心中的理想。然后，甘地先生出现了，他为我指出一条明路，或者说一条值得尝试的道路，我压抑已久的情感终于找到宣泄的出口。我立即投身于这项事业，最终也找到一直渴求的东西。我是在行动中发现的，这一行动就是我非常珍视的伟大事业。从那以后，我就为此倾注了所有的心血，并得到了回报，我变得更加坚定，我的人生更加圆满，并被赋予了新的意义和新的目标。

这也算不上回答了您的问题。因为我不是哲学家，只是一个热衷于行动的普通人，恐怕不能给您一个有逻辑的科学性回答。我曾经相信科学、逻辑和理性，现在仍然相信，但是有时候它们又略显单薄，我总觉得缺少了点儿什么。生命似乎被其他更强大的力量支配着，比如我们的本能和一些不可抗力。但是这种力量似乎不符合我们所知的科学和逻辑。虽然历史上有许多伟人成就了很多伟业，但人类历史仍然充满着失败和罪恶，而且人类文明正在土崩瓦解，过去的理想逐渐破碎，未来潜藏着各种未知的危险，有时候一想到这些，我真的很绝望。尽管如此，我还是认为，人类社会和我们国家的未来是充满希望的。现在，印度人民在捍卫自由，这会让我们离梦想更近一步。

请不要问我为什么如此有信心，因为我也找不到充分的理由。我能说的是，一想到我正在为一项伟大事业贡献自己的力量，而且我的努力不会白费，我的心里就平衡了，我也有了力量和灵感。当然，我也是一个注重结果的人，我想快点达到目标。但是从根本上说，我不会担心结果。只要相信自己的行动是正确的，我就别无所求了。

总的来说，我是一个社会主义者，我也希望能在印度和全世界建立起社会主义秩序。世界变得完美后会发生什么？我不知道，也不关心。问题不是今天才出现的。现在还有不少要做的事，这些事对我来说足够了。世界会变得完美吗？会比现在好吗？我不敢回答。但是，我希望，也相信我们可以做点儿什么让世界变得更美好，所以我会继续付诸行动。

恐怕我回避了您最重要的问题，也就是人生的意义或价值是什么。我回答不了这个问题，只能告诉您我对人生的看法以及驱使我行动的力量。

祝好！

贾瓦哈拉尔·尼赫鲁

印度安拉阿巴德市

阿南德庄园

1931 年 8 月 20 日

多么崇高的精神啊！人类的道德理想在印度已熊熊燃烧，比世界上任何地方都更加明亮。如果能有一个奋斗的目标，一个超越自我的目标，我们就可以让生命变得更有意义。有了目标，个人的价值和意义就不仅仅限于个人，即使死去，也能永垂不朽。

从另一个印度人的回信中，我也看到了同样的理想，他就是1930年诺贝尔物理学奖获得者拉曼。

尊敬的杜兰特先生：

我从不认为生命的价值在于当下的欢愉，也不是对明天的渴望。人类脑力有限，无法参透世界的奥秘。但是我一直认为，只要我们敢于尝试，每天多了解一点儿生活，活着就是值得的。

对知识和科学的渴求确实是我生活和行动的主要动力。宗教仪式和教条于我而言毫无意义，但是不拘泥于字面意思的话，佛陀和基督的教导是有意义的，而且不会随着时间消逝。我一直想要工作，想要有所成就，想要帮助别人，这些渴望便是我前进的动力。我发现，真正的幸福之源是自控而非自我放纵。说到底，战胜自己比征服世界更伟大。

谨致问候！

C.V. 拉曼

加尔各答

1931 年 10 月 15 日

宗教既能塑造个人，也能感动大众。而现在要谈的这个人，是世界上最能体现宗教力量的人。莫罕达斯·甘地在前往伦敦参加圆桌会议前，给我写了这封回信。我省略了一些内容，所以回信显得有些不完整。

亲爱的朋友：

您 6 月 5 日的来信……我对您的问题回答如下：

1. 对我来说，生命是真实的，我相信它是神明恩赐的火花。

2. 广义上的宗教，而非传统意义上的宗教，让我对神圣有了粗略的了解。但如果道德没有得到充分发展，我也不可能有这些粗略的了解。因此，对我来说，宗教与道德是同义词。

3. 充分实现自我就是我一直前进的动力。

4. 实现自我的努力就是我所有灵感和力量的源泉。

5. 人生的目标我已做过阐述。

6. 我的慰藉和快乐在于服务所有的生命，因为神圣的本质就是生命的总和。

7. 我的财富在于和所有的黑暗和邪恶势力做斗争。

您让我放轻松，尽量多写一点儿。但实在抱歉，我太忙了，没有时间长篇大论。

祝好！

M.K.甘地

萨巴尔马蒂

1931年7月22日

甘地的回信不太令人满意，但是想到他为了印度次大陆的事业东奔西走，为了3.2亿印度人民的自由而不懒斗争，我们还是应该心怀感激。清晨，太阳升起前，甘地在萨巴尔马蒂所唱的赞美诗体现了他神人同形同性的信仰。但这封信倡导的宗教信仰似乎与此大相径庭。他不信来生，但是印度教和基督教却痴迷于来生。正统婆罗门和虔诚的耆那教徒把甘地奉为领袖和圣人，当他们看到甘地神学如此现代，如此谦虚，一定会感到一丝不安。

约翰·海恩斯·霍姆斯是纽约社区教会的知名牧师，他是第一个发现甘地的思想适用于美国的人。在回信中，他也提醒我们要有警惕之心。

尊敬的杜兰特先生：

我前进的人生动力是什么？我的回答是：每当看到虚假、虚伪、不公和邪恶时，我就会心生怒火。当我想到世界可能会变成什么样，如果我们努力做出改变又会是什么样，我就感觉有一种外力不断引领我前进，就像是爱的牵引。

曾经有一段时间，我希望在有生之年完成一个梦想，那就是看到世界因我而有所改变。但是现在，我不再执着于这一理想，就像我不再执着于自己的宇宙观，不再固执地认为地球应该再存在几百万年。在我逝去时，世界还是如我刚来到这世界时一般。到了时间，世界便会自我终止，就跟它最初开始一样。但与此同时，宇宙的创造性生命仍然像河流一样奔流不息，不知流向何方，可能会流向我们意想不到的地方。我的生命不是废墟中的碎片，只是沧海一粟，它将化冲动为力量，走上神秘的命运之路。

我能感知到自己的创造力，我想这就是我生命力量的来源。虽然和宇宙中心的创造力比起来微不足道，但创造本身也给了我很多乐趣。当感到最有活力、最快乐的时候，我会开始思考，比如，在我感知到爱的时候；在危机中当我背水一战的时候；在某个瞬间，当交响乐或歌剧的天籁之音抓住我的灵魂让我与创作者产生共鸣的时候；在我将心中构想的精神幻象脱口而出的时候；

在我不计成败、义无反顾地投身于某项正义事业的时候；但最重要的可能还是在祈祷时，我隐约听到自己内心答案的时候。这些都是创造的经历：行动让混乱变得有序，而有序产生了美。因为创造，世间的一切才会日新月异。就是在这些瞬间，我感受到生命的原始状态，或者，在这些瞬间，我真的看到了上帝。

知识就是促使我不断前进的动力。超越自我的瞬间，我们便被赋予了这些认知：我们是创造过程中的重要部分，我们和上帝都是创造者，是伟大宇宙未来的创造者。如果看不到这个未来，或者根本想象不到这个未来，那么会怎样呢？坦白说，这种茫然会像黎明前的黑暗渐渐褪去，但会让我们真真切切地感受到，我们为"更大的问题"努力过。

约翰·海恩斯·霍姆斯

奇怪的是，我仍然向往青年时期的信仰。我喜欢它的美但怀疑它的真，也不知道前者是否比后者更真实。

我见过的对宗教立场最好的回答来自迪姆内特牧师，他温文尔雅，著有《思考的艺术》一书。迪姆内特的回信很长，但是读者可能会跟我一样感兴趣。

尊敬的杜兰特博士：

您的来信让我想到了法国诗人介朗的一首诗。您可能也听说过。诗的开头两句是这样的：

虽然对上帝的信仰已死，

但我对失去信仰带来的乐趣感到悲哀。

这位法国诗人并没有跟您一样对自己进行心理分析。但是在意识深处，他似乎已经找到一些方法，有朝一日他会用这些方法回到最初的信仰。您也不再信仰上帝，但是仍然希望能从信仰中得到一丝慰藉。介朗用韵律赋予这首诗一丝伤感，而您的信尾一系列急切的提问也带有同样的情绪。

对您而言，科学就像严苛的继母。天文学、地质学和生物学都有自己的故事，却没有信仰、希望和爱。您在它们的数据基础上建立起自己的哲学，用雷米·德·古尔蒙的话评价就是："追寻真理的可怕之处就在于找到真理。"有了这些数据，开始几年你会感到非常满意，有一种获取新知的愉悦，但是接着你就会有正常的反应：事实真相让人沮丧，知道了又有什么好处？与其知道宇宙是各种残酷势力的战场，不如什么都不知道。与其饱受知识的折磨，因知识而变得抑郁消沉，不如在我们短暂的一生中忽略这些知识，这样我们的生活会比现在好上一千倍。我们的祖先比我们要幸福，因为知道得越少越幸福。原始人的好奇心不会超越自己的想象力，也不会超越和谐的周边环境。他们不会去问超出这些范围的问题。他们没有煞费苦心地去分析问题，只是好好地享受活着的每一分每一秒，这种经历对他们来说就已足够。这种境界是任何智力上的愉悦都无法比拟的，哪怕是最美妙的知识享受。正是因为认识到这一点，所以您想了解那些更贴近生活的人对人生有什么看法，想知道他们前进的人生动力是什么，灵感的源泉是什么，奋斗的目标是什么，以及最终的财富又是什么。

您如此坦诚，我也没必要遮遮掩掩。我们这一代人，相信科学，讲究事实，因而也更加骄傲和自豪。我很高兴能在巴黎的一个学校度过最好的时光，在那里钻研学术。那里的氛围与大家所熟知的巴黎截然不同。我们在古老的榆树和洁白的墙壁下过着百年前的生活。我们想保持巴黎的文化传统，确实也做到了，但是由于经常要和外地人打交道，他们的诚实质朴也对我们产生了影响。有时和同学的父母坦率交谈，我会想到佩里戈尔某个庄园的角楼与山墙，或是格勒诺布尔某个官员的私人图书馆。法国古老的辉煌已成为过去，正如您所言，生活的压力从四面八方扑来，但毋庸置疑，这也是一件幸事，对此我们要永远心怀感恩。

我们跟您一样读了很多书。我们在巴黎大学接受教育，老师不是泰纳的朋友就是孔德的学生。我们既研究哲学，也涉猎科学。我说的哲学是指天文台和实验室的哲学，而不是各个流派的哲学。除非和各个流派的哲学家亲自交谈，否则我们永远无法了解这些哲学流派。哲学当然无法让人满意。除了加深奥秘的神秘感，它还有什么用处？与科学一样，哲学也无法解释什么是创造，什么是生命的起源，什么是意识的觉醒，什么是远见，什么是思想以及什么是反省。虽然哲学的猜想不够充分，但科学事实同样站不住脚！科学假设不仅自相矛盾，而且居然也受到实用主义的影响，多么出人意料！我们注意到，1870年法国大革命之后，泰纳和勒南突然由激进变得保守，倡导克制、理智与清醒。美国也有这样的现象。周刊上充斥着一种欢快的、孩子气的怀疑情绪，但我们对伟大的探索者的良知进行一番哲学考察之后发现，他们的心境大不相同。

无论是不是实用主义派，人们对所谓的科学事实都有两种看法。我的看法比较积极。以前，地球上没有人类，也没有人类存在的任何迹象。到第三纪末期，奇迹发生了：数十亿种生命形式纷纷涌现，它们在不断迭代的过程中总想替代彼此，但是没有任何一种生命具有绝对优势，因此也从未出现划时代的变化。最终，人类诞生了。人有数千种意识形式，科学被创造出来，并发展起来，最终以一种我们永远都无法完全欣赏的方式统治了整个世界，这真是令人惊叹！十万年前，这种发展只有微小的迹象，而一百万年前，这种发展完全不可预知。在我看来，世界的发展充满了无限可能。

天文学很可能会让我们沮丧。但我们为什么要推论说之后的百代人仍会这样？我们为什么不希望随着认识的不断加深，我们会变得更加安全？您也注意到了，和古希伯来人比，我们更渴望长生不老。如果毫无征兆，为什么这个想法越来越强烈？

我担心您在科学上过于严格，是一个科学激进主义者，所以显得比较悲观。对于不完整的数据和试验性系统，您本应保持警惕，而不是跟信里说的一样，把科学称为"真理"。您对科学太过笃信，所以滋生了悲观，有时候多些质疑，可能会多些希望，而希望多少都是带点儿信仰的。

您问生活给了我什么。我要说，生活给了我一些机会，让我摆脱与生俱来的自私。对此，我心存感念。生活也让我的思想更加沉稳。孔德曾经非常赞同地引用《师主篇》中的一句话："如果没有信任，就不必谈理解。"第一次读到这句话的时候，我也深表赞同。纽曼神父的教义也差不多。但是我们的生活经历不是早就清清楚楚地阐明了这一点吗？如今，我的信仰和理性相互促进，又相互制约，这意味着内心的平静。有句话我不知当讲不当讲。在我看来，就算您不赞同这些结论，您终究也会和我一样渐渐平静下来。虽然您在信中表达了强烈的不满，但是这种情绪不会持续太久。

欧内斯特·迪姆内特

巴黎

1931 年 6 月 29 日

3　三位女性的回答

目前都是男性给出了自己的答案。那么，女性对我们这个奇怪的星球和在这个星球上的生活有何看法呢？我想，她们压根就不会思考这个问题，这是明智之举。在我收到的回信中，很少有女性正面回答这个问题。

我猜想，当一个女人不再忙于传宗接代时，她也会深刻地思考这些问题，只是她还找不到合适的词语或语言形式来表达自己内心深处的思想。但愿我们的敌人，也就是我们的妻子和情人，能写一本书，坦诚地讲述自己的故事！这样的书对男人来说简直就是莫大的启示！

第一位给我回信的女性是玛丽·艾玛·伍利，她使蒙特霍利约克学院成为美国最好的女子学院之一。

尊敬的杜兰特先生：

随着年龄的增长，生命之于我的意义也愈发深刻。与少女时期相比，现在我的生活少了些沮丧，变得更有意义，更加快乐。而让生活更有意义的基础是宗教。要是没有宗教，我就活不下去了，因为我感受到这个世界的苦难，并为此忧心忡忡。我难以想象，一个人如果不相信"超级力量"——我们能与之交流的上帝，该怎么面对生活。我的信条很简单，几乎跟神学无关。对我来说，耶稣基督是爱和上帝的象征。他的生命给我们以启示，哪怕我们的人生和他的人生有所不同，我们也可以像他一样去生活。

我还在其他人的生活中找到您所说的"辛勤工作的动力"，有些是我认识的人，有些只是历史中的人物。人们拥有的权力和欲望对他们的生活是一种激励。对我而言，我的父母就是一种激励，他们和我之间的点点滴滴，不经意地展示了爱在人们生命中的力量。

我辛勤工作的另一个动力就是，我有机会给别人的生活带来更多的可能性。我不明白为什么一个人与年轻人共事多年却还是悲观主义者！我也常年和年轻人打交道，见证了太多年轻人走向坚强而美好的人生的事例。

这一路也伴随着许多的慰藉和快乐。十月的早晨，正值秋高气爽，我给您写了这封回信。我想活着本身就是灵感的源泉。人生偶有灰暗，情绪难免低落，但想到"神自管居于天国"，即使没能让您觉得"人世间平安依旧"，您也会感到慰藉和快乐。所以我说支撑我继续生活的是宗教。

玛丽·艾玛·伍利

1931 年 10 月 22 日

还有一封回信来自意大利，虽然看似简单，但也许是很深层次的回答。回信人是吉娜·隆布罗索，她的父亲是一位伟大的心理学家，她的丈夫是一位伟大的历史学家,她本人则是著名的作家和思想家。

尊敬的先生:

非常感谢您的来信。您问我的问题,正是一直困扰我的问题,其他人也一样为此深受困扰。我成功地为自己找到一个真诚的答案:人们活着的真正原因是爱。活着的时候,爱是纽带,把我们彼此联系在一起,把我们同已故的人联系在一起,把我们和子孙后代联系在一起。我清楚地记得,当我还是个小女孩的时候,我以为我的生命与父亲的生命密不可分,我生来就是为了帮助他的,我以为我会和他一起离开这个世界。然而,父亲去世后,我依然和我的丈夫和孩子们以同样的方式紧密相连。我认为,活着最根本的原因就是爱。对家人的爱是最广为人知的,也是最容易做到的。

当我有了一些生活经验之后,我活着的原因就是要把这些经验加以总结,给更多的人以启发。无论哪一种情况,生活的理由都是爱,它让人们紧密相连。首先要爱家人（因为我是女人！），然后爱所有与我们志同道合的人，这样爱就能得以延续和传递。

祝好！

> 吉娜·隆布罗索
> 意大利佛罗伦萨市
> 基安蒂地区斯特拉达小镇
> 乌里韦洛别墅

到目前为止，女性中最有趣的回信来自海伦·威尔斯·穆迪。她的存在本身就是她活着的充分理由。她热衷于艺术创作，做过一千多场现场表演，她的标志性遮阳帽引领了女帽的时尚潮流，她在诸多领域的卓越成就彰显了美国女性的伟大。这位处于巅峰状态的美国女孩（或者说处于巅峰状态的欧洲女孩）已经取得了足够的原生质成就，足以为生命赋予某种信念和自豪感。她不仅网球打得好，写作也很棒。

尊敬的杜兰特先生：

作为一个 25 岁的年轻人，我（或他/她）必须审慎地回答您信中提出的重大问题。青春的一大标志就是觉得自己参透了人生的哲学。如果这是真的，那么我一定是老了，因为我确实对很多事情都不太明白。

我只知道自己真正想要的就是找到某些方法来满足我心中似乎一直存在的躁动不安。打网球、绘画，几乎任何事情都可以。小时候我不知道它是什么，但现在我想我知道了。这就是这么多年来我网球打得又快又猛的原因；这就是我在学校用功学习，甚至在拼写没有得到一百分的时候会哭的原因；这就是我在读大学时努力获得美国大学优等生荣誉协会奖学金的原因，我争取到了，但我知道，如果没得到，我肯定会大哭一场。

我希望这种不安，这种近乎吹毛求疵的完美主义并不是狂妄自大。对我来说，这就是一种宗教信仰，是我如此辛勤工作的动力。专注于做自己喜欢的事情，我能够忘掉一时的悲伤、烦恼和愤怒，享受片刻的快乐与安宁。

我希望这种持续的躁动、想要付诸行动的愿望,以及对完美的追求都能与爱美之心交织,甚至可以说,它们的关系非常密切,我难以准确表达。我知道,当沉浸于艺术之美时,我仿佛被带至另一个世界,在那里,我思绪万千,却难以言表。我对音乐、雕塑,尤其是绘画(说起艺术的完美,我并不是指外表毫无瑕疵,那是守旧的"完美")都是如此。对于艺术和自然中的色彩组合(绝不是仅"存在"于艺术中的自然),我无法做到轻描淡写。这种急于表达的情绪似乎不断逼近我,我也因此产生了一种强烈的心理反应。任何领域的完美都让我着迷,尤其是艺术领域的那种抽象之美。

毋庸置疑,每个人都认为自己的感受是独一无二的。我也试图给心中的不安寻找一种特殊的意义,因为在我们这个浮躁的国度,每个和我同龄的年轻人内心都有同样的东西。

我不想遵守宗教的规则,这些规则就像是用栅栏将你围起来，规定你必须到这里去，不能到那里去。我厌恶宗教的形式。而且我知道，目标中蕴藏着完美，倘若我被剥夺了为此去尝试、追求和奋斗的权利，我会痛恨生活。

在我的门厅里，摆放着一个古希腊女子头像，它由乳白色大理石雕刻而成。它是我一年前得到的遗产，确实是古希腊时代的人物造型，虽然经历了几个世纪，有些小瑕疵，但鼻子、眉毛和下巴都完好无损。头像被安放在一个深色大理石基座上，侧面对着乳白色的墙壁。在一天中的不同时间段，雕像脸上的光线都会有变化。有时光线昏暗，都看不到前额、脸和鼻子，以至头像和乳白色的背景墙几乎融为一体了。有时光线明亮，雕像轮廓分明，下巴结实而精致，眉毛显得若有所思，十分显眼。光洒在雕像脑后的卷发上，顺着发丝，照耀着发结处。雕像的颈脖结实而圆润。我喜欢闭上眼睛，用手抚摸它的脸部轮廓，这种眼睛无法触及的立体感每次都令我兴奋不已，就好像如果你不闭上眼睛用手抚摸它的脸，你就无法感知它面部传达的信息。它之前被放在一位收藏家的陈列室里，但我关注的，并不是它所具有的历史意义，而是它的美近乎完美。

每当我看着它，我总能心情愉悦。它让我更强烈地意识到自己内心的躁动，我渴望做些什么，来追求某种美和圆满。于我而言，如果能做些什么，以此来疏导我内心的躁动，那么生活将变得有趣而快乐。我希望在做那些事时我不要太刻意，而且可以一直做下去，这样还能让我日思夜想。我想要拥有"单轨头脑"（当然，我不是要封闭自己，我渴望了解一切），希望能在自己的单轨上专注于做一件事，就像蛤蜊关上它的壳，我也关上我的门，任思想飞向天际，超越无限（或者其他任何叫法）。

您问我最终的财富是什么，我若知道，我肯定会回答。要是我有绝对的把握和胆量，我就会说："在我心里！"不过，一个25岁的人说出这样的话，终是有些荒谬。上大学时，我学过一年半的哲学，要是我当时把它学好了，也许现在就可以更完整地向您描述我对人生的看法了。虽然我做了很多笔记，并用标题和子标题列了详细的提纲，但不知何故，我还是没有抓住要点。

去年春天在巴黎，有位对生活充满热情的年轻作家（他的第一部小说刚刚获得古根海姆奖）给我讲了一个故事，听完后，我决定再试着了解哲学。他讲的是一个关于哲学家桑塔亚纳的故事。听到这个名字，我想起大学时读过他写的几本书。（我曾误以为他是亚洲最东部地区的某位哲学家，但并不是。实际上，他早年就读于哈佛大学，后任该校哲学教授。）

故事是这样的：春天，教室外温暖的阳光和柔和的微风让教室里的学生有些心不在焉。桑塔亚纳坐在讲台上给学生读书。学生们姿态各异，有的坐着，有的斜靠着，一副心不在焉的样子。桑塔亚纳的声音渐渐停了下来。他的目光穿过学生，注视着窗外的一棵树。树上的新叶细嫩无比，青翠欲滴。桑塔亚纳合上书，沉默了一会儿，然后站起身来说道："同学们，春天来了。"他拿着帽子，走了出去，没有再回来。

我希望这个故事是真的。我希望他已走上属于自己的人生单轨，过着比之前快乐的生活。我想他在为自己内心的躁动寻找某种东西，某种能代表美和圆满的东西。我想他在不断追求的过程中收获了快乐。

毫无疑问（至少，在我的想象中），那个用大理石雕刻希腊头像的雕刻家心中有一份躁动，有一种寻求美和圆满的欲望。他能从工作中获得快乐。能从大理石上凿出这张可爱的面容，可能是他最大的快乐。那是好几百年前的事了。今天，当我走进门厅，看到这个古希腊头像，并参透了它所传达的信息时，我非常激动。那是一颗躁动的心。

我不要安分，我要做点儿什么，试着追求某种美和圆满。我虽不是天赋异禀，但也能从行动中获得快乐。希望从不会缺席，至少对一颗年轻、不安分的心而言，希望永存。

收到这封信的其他人将清楚地回答您这个问题。我希望我讲清楚了。我想看看萧伯纳先生的回信。他曾经告诉我,网球应该在草地上打,那草得一英尺[1]高,看不到球。至少,我告诉您的都是我深信不疑的。

当您评论我的信时,您必须记住几件事:第一,我是您名单上最年轻的人;第二,我是唯一一个靠体力而不是脑力列入您名单的人!

祝好!

海伦·威尔斯·穆迪

1931年6月10日

附言一:我已经得出结论,躁动不安是一种病。我没讲太多关于网球的事,因为它是不安分才去做的事情。

附言二:如果我有充足的颜料、宽敞的画室和良好的光线(总是有成千上万的东西可以画),那么绘画将是一件极为快乐的事情,甚至可以让我忽略天文学家的预测、生物学家的发现,或者爱情的定义以及宗教的变革,等等。我确信,我是一个让人讨厌的自私鬼。

---

[1] 1英尺=30.48厘米。——编者注

4　不可知论者和懒于思考者的回答

最后一群人是不可知论者。把他们的信置于最后，或许是为了提醒我们，这个问题最终是没有答案的。第一位是伯特兰·罗素，他被称为"英国的浪子"，是国际上的焦点人物，也是英国上议院颇具威慑力的人物。

尊敬的杜兰特先生：

很抱歉，最近我太忙了，没时间思考生命是否有任何意义这个问题。我认为我们不能去评判发现真理的结果，毕竟迄今为止我们还没有发现什么真理。

祝好！

伯特兰·罗素
1931 年 6 月 20 日

第二位是最诚实的赫尔曼·凯泽林先生,他不愿意别的作家引用自己的文字多赚稿酬。

尊敬的杜兰特先生:

要想认真回答您提出的问题,一封信肯定是不够的。另外,我更喜欢在自己的书里讲述我的想法,而不是让它成为别人书中的素材。

祝一切顺利!

赫尔曼·凯泽林伯爵

目前在瑞士旅游

1931 年 8 月 8 日

最后一位的答复最简短,或许也是最明智的。我收到的明信片上印着回信者本人萧伯纳巨大的头像和他那托尔斯泰般的脸庞,旁边工工整整地写着以下几句简短的话。

我怎么会知道？

这个问题本身有什么意义吗？

萧伯纳

伦敦西南 1 区白厅大街 4 号

1931 年 6 月 18 日

所以我们对这个问题是计穷力竭了。我们该怎么回答这个令人憎恶，甚至要命的难题？如果不走出生命，不把它视为更大整体的一部分，我们有可能理解生命的意义吗？我们谁能做到呢？我们的探索有了一个愉快的结局，却也印证了一个形而上学的旧定义，"在黑洞中寻找一只并不存在的老鼠"，这真令人不安。

那我们要放弃探索吗？不可能。现在让我们每个人独自面对这个问题吧。

第三章
给自杀者的信[1]

1　1930 年，我收到几封信，来自不同的人，他们声称想要自杀。我在这里整理了一些我给他们回信的内容，并顺便就本书第一章所述问题给予一些回应。据我所知，那些向我大倒苦水的人，没有一个自杀的。但我不认为这该归功于我的论述中肯（这些理性的论述在情感和绝望面前注定无济于事），而应归功于自杀这件事太痛苦了。他们或许没有生存的意愿，却有对死亡的恐惧。这就像没有"社交本能"，但也害怕孤独一样。

1　自杀的流行

亲爱的陌生人：

　　我已收到你的来信，得知你想要自杀，还给出了自己的理由，这让我印象深刻。哪怕最单纯的人也会选择自杀，这是对生活的控诉，值得那些研究人生哲学的学生关注。日益频发的自杀事件是我们面临的最残酷的现实之一，这也是诚实的哲学必须涵盖的部分。[1]否则，我们任何人的死亡在大自然的眼中都是历史长河里一件不值一提的小事。"无论是生命的来临，抑或死亡的离别，都是人们不得不承受的。"你的绝望不无道理，你对人生和知识也有全面的认知，发现它们像《传道书》那样令

---

[1] 在过去25年里，美国共有284 142人自杀。过去10年，纽约市的自杀率增加了一倍，从1920年的750人增加到1930年的1 471人。——《纽约时报》1931年11月25日报道

人沮丧和徒劳,这让我颇感兴趣。尽管我知道那个警察的故事,他劝告那个要自杀的人冷静下来,并就死亡这件事和自杀者进行了交流,最后,正如你记得的那样,他们都从桥上跳了下去,选择了死亡,但我还是想和你探讨一下生命的价值。很可能谈完之后,我也会被你说服,转而相信死亡的魅力。我试试看吧。

2　看开一点儿

首先，我要坦承的是，我无法从任何绝对、纯哲学的角度来回答你关于生命意义的问题。我想，世间万物都有其终极意义，尽管我知道我们的小小脑袋永远都无法参透这些意义。因为任何事物的意义，都必须取决于它与它所构成的整体的关系，而生命的任意片段或片刻——如你或我——怎么能假装可以冲破个体局限，审视或理解事物的整体？我们玩弄着一些字眼，如"世界"与"生命"、"永恒"与"无限"、"开始"与"结束"，但我们心知肚明，这些只是我们无知的象征，我们永远都不会明白它们的本义。哲学废黜上帝之后，将人类置于上帝的位置，并赋予人类以共同价值观和宇宙观，而这些观念可能只属于一种至高无上、超自然的智慧。

或许，假使我们能坦然直面自己思想的局限性，我们就会更释然地接受我们的悲观主义。我们应该把当代科学所描绘的阴暗世界图景视为人类思想万花筒中一种转瞬即逝的形式，我们要记住，这幅图景没有什么是确定或永恒的，未来人们可能只会付诸一笑，就像今天我们对待阿奎那、圣安塞姆、司各脱和阿伯拉尔一样。我们不要把天文学家太当回事，他们并不知道我们的星球从何处来，要往何处去，也不知道我们的星球何时诞生，何时会毁灭。事实上，他们和哲学家一样，只是伟大的猜想家。至于地质学家，他们满腔热忱地绘制的史前地图，只不过是对未知的动人遐想，对于那些消失的大陆和海洋他们也不确定。各种化石层之所以杂乱无章，也许只是为了欺骗这些困惑的岩石迷。他们不知道人类已经存在了多久，不知道冰期是否真的存在，也不知道冰期是否终结过文明。物理学家不知道物质是什么，生物学家不知道生命是什么，心理学家也不知道意识是什么。他们勇敢地提出的教条只是在以偏概全。你千万不要在这些空想的假设上绞尽脑汁，你如果较真，就会同很多人一样，成为谬论的殉道者。即便对科学家，我们也要保持一种怀疑精神。

斯宾塞留给我们的机械论，是维多利亚时代中期自然观的简单化，而你却对此感到绝望，这似乎有些荒唐可笑。当批评家和小说家都理所当然地接受机械论的时候，为之努力奋斗的各种科学却开始怀疑它，但原子和细胞复杂而玄妙，让这些科学无法妄下定论。我们不可能拥有不朽的灵魂，但我们更不可能是为机械论而悲哀的机器。这样的哲学不能成为自杀的理由，它是开启欢笑之门的钥匙，而这欢笑足以扫除那些绝对不会犯错但又犹疑不定的世界实验室里的教条。

对于科学，我们可以肯定的不是它形而上学的假设，而是它的物理成就，比起试管里产生的哲学，蒸汽轮船、飞机以及公共卫生设施要真实得多。搭乘一次夜班飞机翱翔纽约上空，感受一下这些被称为人的机器是何等勇敢和强大，恣意地接受死亡与速度带来的刺激吧，你会为科学的现实感到欣喜，并对科学的超验理论置之一笑。这种穿着裤子的猿猴会用他的大量发现做些什么？他的能力有没有极限？无人知晓。毋庸置疑，有朝一日，他将把他的机器投向其他星球，把地球上的罪犯流放到参宿四。你如果执意要死，就去做一些危险、有用的工作以便有新的发现。冒一些医学或机械实验的风险，让你的生和死有意义一点儿。不管你做什么，都不要因哲学而死。

如果跳过科学，转而将工业和政治当作自杀的理由，那么你可能会找到一个更充分的理由，让自己一跃进入永恒。我不否认，我们的经济和政治生活一片混乱，如果我们不能发明更好的组织国际性事务和政府的体系，那么我们不妨将地球交给另一个物种，或者另一个种族。诚然，我们对所有的治理体系都感到厌烦，不论是在君主制和贵族制下，还是在如今贪赃纳贿的民主制度下，人们都因国家治理不善而感到不满。也许，我们对掠夺性经济在20世纪的崩溃感到愤怒，但也不应对它在19

世纪蓬勃的创造力忘恩负义，因为以前从来没有哪种制度能够创造出这样的财富，带来这样的物质享受。但我不想用徒劳的乐观来掩盖我们公共生活中的污糟，夸大要比细化来得好，只要我们不完美的视角不令我们悲伤痛苦，不令我们陷入无益的绝望。记住，贪婪同样存在于我们的灵魂之中，它驱使我们过分地集中财富，致使我们的购买力下降。富人与我们的不同动机，甚少体现在良知上，而通常体现在机会和技能上。到头来，我们都有罪。让我们停止抱怨别人，开始铲除自己内心的邪恶吧。

然而，从生物学和历史的角度来看，我们的贪婪已经根深蒂固，我们不可能指望一代人或在一个世纪内就将其根除。我们的祖先一找到食物就狼吞虎咽，因为他们不知道多久后才能再次找到食物。如今，所有品种的猪亦如此。正是因为这种原始的不确定性，人类的贪婪诞生了。我们的不良习惯曾是我们的优点，是我们生存斗争所必需的。它们是我们对自己起源的致敬，我们必须泰然处之，接受这些残迹，就像我们必须接受我们的阑尾和多余的腺体一样。等到生活有了保障，人们和他们的家人不愁吃时，他们还会继续贪婪地获取、囤积，以备不时之需。也许我们应该通过政府保证、严格管控所有人的工作及薪资来抑制这种冲动，或许随着财富的剧增、供应的富足和秩序的增长，恐惧和贪婪会随之减少。

　　同时，人们应该自然而然地采取行动，我们应该根据其在赢得安全方面的成功来评判一个人，而一个国家的兴衰也应该由其经济实力决定。到最后，我们必须承认的是，面包比书本更重要，艺术是一种奢侈品，一种有钱人才能负担的奢侈品。若是站在历史的角度看待这些事物，我们就不会烦闷到揪掉头发，愤怒到脑袋都要气炸，因为我们大部分人都有饭吃、有衣穿、有房住、有车开、有学上，还可以去图书馆。此外，我们和富人享有同样的权利，看五花八门的广告，听萦绕于空气中的萨克斯风音乐，看屏幕上的谋杀和通奸。我们应该认识到，即便我们抑郁消沉，现在的情况也比我们年轻时要好，我们必须下定决心，让孩子们的未来变得更好。

　　进步真的是一种错觉吗？如果你指的是不间断的、普通的、永恒的进步，那么进步确实是一种错觉。正如我们所知，历史上的进步总会遭遇许多挫折，它从来不会沿着一条直线匀速向前（如今我们在科学和工业上的进步并没有伴随着哲学和艺术的进步），而且在某个遥远的未来，所有进步的成果都有可能被毁灭。但是，因其结局而怀疑它的真实性就好比因日落而称太阳是一种错觉。即使是进步的遥远结局也是一种假设，这里承认这一点只是出于对争论的慷慨让步，我们并不确定。同时，有许多证据表明，现在地球上普通人的财富状况、身体状况和精神状态虽然比较糟糕，却比以往任何时候都好。学生们对自己所处的时代感到绝望，因为他们把他们所认识的普通人与过去的杰出人物相比较。只要稍稍深入研究一下，他们就会发现，并非所有的雅典人都是天才，这些天才也并非都是圣人。他们还会发现，柏拉图和亚里斯泰迪斯的背后，是一个腐败的民主制度，一群受压迫的女性，一个迷信的民族，一群野蛮的暴民。

一个又一个国家不断崛起和衰亡，大部分古代文明也已不复存在，但是这些"消失的"文明给我们留下了太多的文化遗产，以至仅仅研究我们精神遗产中的古希腊部分，就算穷尽毕生心血也完不成。欧里庇得斯和亚里士多德并没有死去，孔子和卢克莱修与我们同在，即使是汉穆拉比和普塔霍特普也能跨越四千年与我们清晰对话。今天，我们保存、传递、传播知识、道德和艺术这些日益增长的文化遗产的手段要比过去任何时代都更加丰富。

在我们的文明中，最令人沮丧的不是贫穷，而是人类道德品质的明显败坏。有些事情我们很难做出判断，部分原因是我们的人生如此短暂，部分原因是我们采用昨天的标准来评判今天的道德。我们忘记了这些标准是为农业社会制定的，到了工业社会和城市化时代，这些标准已经失去了绝对效力。现今，人们到了三十岁才结婚，与无数人打交道，拥有无数机会，又被城市生活刺激，如果指望用农业社会的道德标准来要求他们，那么真是荒唐可笑。不同的时代，要有不同的道德标准。见识的男男女女多了，我就越能理解他们。他们并不像报纸和电影描绘的那样坏，正是因为他们庄重得乏味，报刊和电影才掺杂着淫乱和犯罪的内容，以此来满足他们对一夫多妻制和追求异性的原始需求。

然而，人们似乎开始出现一种不易察觉的蜕化，与其说是道德上的蜕化，不如说是性格上的蜕化。立法者实在高明，他们规定只有聪明的人才可以避孕，而愚蠢的人只能受命繁衍后代。结果就是，受过教育的少数人（无论贫富）养育的后代少于其所占人口的比例，而未受教育的多数人则养育了更多的后代。我们每一代人通过教育来开发智力，以促进社会发展，而因立法带来的不良影响，我们开发智力的努力又变成了一种徒劳。教育家感到沮丧，伏尔泰以为他早已粉碎的臭名昭著的迷信现在又兴盛如前，人类的进步只能留给那些少数朝不保夕、生育能力低下的人来创造和维持。普通民众的生育不受限制,这就是我们政治腐败的秘密,以及市政"机器"的原材料。民主制度支离破碎,因为,愚蠢之人总是占多数。

也许,过去独立、坚韧的美国佬(Yankee)就是这样被培养出来的。现在一种新型的人正在取代他们,思想和勇气却大不如前。个人自由的传统使电影导演和戏剧制作人肆意宣传情色作品,毫不顾忌地加速年轻人的性成熟,而自己却赚得盆满钵满。过早激起的性欲要找到方法和机会去宣泄,以至我们的城市居民往往迷失在犯罪的谷底和性行为的顶峰。而顶峰的最终产物是厌世的、愤世嫉俗的享乐主义者,一遇到困难或危险他们就会逃之夭夭。任何国家都无法靠这种人振兴起来。今天,我们对清教徒一笑置之,但当危机来临时,可能我们需要的(或者现在就需要的)正是清教徒的美德:严于律己、承受苦难和不屈不挠的坚忍,正是这些美德造就了现代史上所有的伟大人物。

这种性爱狂欢让个人如此愉悦,对人类来说却非常危险，毫无疑问，它与超自然信仰的衰亡息息相关。我们目前正在进行一项巨大的实验，试图通过一种只存在于地球上的道德准则来维持社会秩序和种族活力。这项实验在雅典失败了，在文艺复兴时期的意大利也失败了。显然，解放个人对种族来说是危险的，摧毁他的妄想，坏人就不再繁衍生息。这一过程已经削弱了美国在文学、道德和城市政治方面的领导地位。随着时间的推移，这个过程很可能会削弱西欧和北美的所有民族。在此期间，我们极有可能会有一个像美第奇家族和波吉亚家族时代的佛罗伦萨和罗马那样的文化大爆发。最终，我们将成为一座死火山，而亚洲将再次登上世界的宝座，直到它也变得富有智慧并最终走向灭亡。

3　维多利亚时代中期

　　你会发现我基本上同意你的观点——生命在尘世之外没有意义，人亦不能永生不死，每一朵文明之花都会枯萎。这些结论现在看来是那么合乎常理，我不再感到困惑不解。我感觉即使在它们所限定的范围内，我也有很大的空间去寻找我的人生意义和整个人类的生存意义，甚至能找到一些合理的解释。我们年轻时那种"拜伦式英雄"的姿态——圣诞老人死了，我们活着还有什么意义——渐渐消失了，生活的现实逼得我们不得不行动起来，我们越来越没有时间去重温那些无聊的梦想。我们注意到，现在的孩子并不像我们儿时那样痴迷于神话故事，因为他们从来就不相信所谓的神话。

　　因此，生命的意义在于其本身，与个人的死亡无关，甚至与国家的衰亡也无关。它必须在生命的本能渴望和自然而然的满足中去找寻。例如，我们为什么要找寻活力和健康背后不为人知的意义？即使活力和健康不是实现人类目的的手段，它们本身也是有益的。如果你病入膏肓，我会给你吃临终圣餐然后你再死去，我不会阻挠你本已多舛的人生走向终结。但是，你如果身体健康，走得动，吃得香，就停止抱怨，大声向太阳表达你的感激之情吧。

因此，生命最简单的意义就是快乐——体验本身的快乐，身体健康的快乐，还有肌肉和感官上的完全满足，味觉、听觉和视觉的完全满足。如果小孩比大人幸福，那是因为小孩更加本真，没有那么多心思，而且懂得天性先于哲学。小孩精力充沛，天性活泼，不会去追问行为背后的深刻意义。我们如果多动动四肢，少动一些心思，就会很快乐。上帝为乔治·巴比特发明了高尔夫球，这是一项非常合理的运动，因为在打高尔夫球时，你为寻找遗失的每一个球而走过的每一英里路，都能强健你的体魄。

生命中总会涌现美好的瞬间（不确定是否还有更多美好的瞬间），即使除此之外不再有意义，那也足够了。风雨中艰难前行，阳光下脚踏白雪，目睹夕阳西下、夜幕初降，这些都足以让我们对生活充满热爱。让死亡降临吧！此时，我看到南达科他州的紫色群峰，一颗小星星静静地镶在深邃的夜空中。大自然会将我毁灭，她有权利这样做，因为她创造了我，并给了我无数的感官享受。她给了我一切，又将带走这一切。大自然赋予我所有的感觉器官——手指、嘴唇、眼睛、耳朵、不安的舌头和硕大的鼻子，我该怎样感谢她才好呢？

对爱情要心怀感激。忽视其心理发展就像忘记其生理基础，是不切实际的。是的，爱情在物质层面是液压和化学刺激的结果，但在精神层面，它有时会变成一首忠诚和豪侠的浪漫曲——不再是相互渴望，而是相互体谅。我此刻想到的不仅仅是浪漫的爱情——欲望没有得到满足就会把对象理想化，现在，欲望不像以前那样容易落空了，所以浪漫的爱情也就不复存在了。我这里说的是伴侣或朋友之间的依恋，他们相携一生，同甘苦、共患难，经历生命烈焰之淬炼，情感也变得历久弥坚。我知道，伴侣之间、朋友之间经常会吵架，吵完之后双方都会心烦意乱。但是，在无意识中，当你知道有人在默默关心你，离不开你，满口称赞你，在车站等你时，那些争吵和烦恼又算什么呢？孤独比战争更可怕。

我怀疑大多数悲观主义者都是单身人士。结了婚的人哪有时间多愁善感，郁郁寡欢？我所说的悲观主义者并不是指那些对人生的罪恶和苦难有现实认识的人，我指的是一个不能坦然面对这些苦难的人，因为自己的懦弱就得出结论说人生是一个毫无价值的陷阱。也许这种悲观主义在很大程度上源于我们把自己看成一个个的个体——一个个完整而独立的存在。我注意到，那些作为整体的一部分与其他人合作的人不会感到沮丧。与那些孤单的思想家相比，那个被人瞧不起的和他的伙伴一起玩球的"乡巴佬"要更加快乐。这些袖手旁观的思想家只能在孤立中堕落。歌德说过:"要么成为一个整体,要么加入一个整体。"我们如果把自己视为一个现实(不只是理论上的)群体的一部分,就会发现生活更加圆满,也许更有意义。要让生命有意义,我们必须有一个比自我更大、比自己的生命更持久的人生目标。

正如我们在开始时所说,如果一个事物的意义取决于它与整体的关系,那么,即使我们不能赋予所有生命普遍的、形而上学的意义,我们也可以说,任何特定生命的意义都在于它与更大的整体之间的关系。因此,与独身和不育的人相比,那些结了婚、为人父母的人的生活更加圆满。一个人对他所属的群体在物质或精神上做出的贡献越大,他会觉得自己的人生意义越大。有些人自视清高,不愿与人为伍。有些人故作聪明,不愿结婚生子,到头来却发现人生虚度,不禁慨叹生命的意义何在。但是,如果你问一个有儿女的父亲:"生命的意义是什么?"他会直截了当地回答:"养家糊口!"两性之间的吸引力,如果不考虑其生物学功能,似乎是一种错觉和徒劳的追求，但如果为了生命的延续而不得不结婚生子，这种吸引力就成了一条通向圆满人生、探索生命意义的道路。

在从摩根敦开往匹兹堡的火车上，我看到一个笑容满面的女人在逗她的孩子玩耍。唉，你们这些愁容满面的城市知识分子，你们认为自己的见解比那个女人更深刻吗？而你这个诡辩的科学家，试图以部分的视角理解部分，结果只能是徒劳无获。难道你看不出这个女人其实比你更懂哲学吗？因为她忘记了作为部分的自我角色，她在整体中找到了自己的位置。

4　个人自白

那么，我应该说，这是通往生命意义和满足的道路：加入一个整体，全心全意为其工作。生命的意义在于，它给我们繁衍生息的机会，或者让我们投身于比自己更伟大的事物之中。这种事物不一定是家庭，可以说，组建家庭是一条笔直而宽广的道路，是大自然以其盲目的智慧为所有人，乃至最单纯的人提供的道路。这种事物可以是任何团体，它能够唤起个人潜在的高尚品质，并给他一份可以为之效力的事业，即便他死去，这份事业也会继续下去。它也可以是革命团体，让每个人，不论男女，都不遗余力地为之前赴后继。它也可能是一个伟大的国家，拥有像雅典辉煌时期的伯里克利、莫卧儿王朝皇帝阿克巴这样的人，他们以雄才伟略奠定了帝国的基业。有时，它还可能是一幅精湛的艺术品，创作者在创作过程中融入了自己的灵魂，继而泽被后世。但不管是哪一种情况，如果要赋予生命以意义，它必须让我们冲破小我，成为宏图伟业的合作者。获得意义和满足的秘密在于有一项工作，它能让一个人为此投入所有精力，让人生过得比以往更加丰富多彩。

生命的意义是什么？这个问题我之前问过很多人，对于我自己来说，生命的意义取决于我的家庭和工作。我这样回答也许有些直接，观点也过于偏狭。我希望自己能献身于一个更伟大并引以为荣的事业。我的力量源于利己主义和自私的利他主义，即对名利的贪婪，还有对依赖我的人的狂热奉献。

我工作的目标和动力是什么？那就是看到幸福环绕着我，我最终能赢得比自己更优秀的人的赞许。我的幸福在哪里？幸福在我的家里，在我的书里，在我的笔墨之间。我不会说自己是幸福的。因为今天依旧存在贫穷和苦难，没有人能够说自己非常幸福，但我很满足，并怀有一种无法言表的感恩之情。最后，我的财富究竟在哪里？世间一切都是我的财富。一个人应该去做很多事情，他不应该把幸福完全寄托在他的孩子、名誉、财富，甚至是健康上，但是反过来，其中任何一项成就都能让他找到满足感，即便他失去了其他一切。我想最后的办法就是大自然本身。即使失去了所有的一切，我希望我也有足够的勇气，在变化万千的天地间安身立命。若是失去了视觉，我希望还可以聆听大自然的天籁之音，像诗人一样回忆快乐的日子。总之，经历是一幅极为丰富的全景图，任何感官都应该从中获得生存的寄托。

最难回答的问题就是："宗教给了我什么帮助？"当我写下这个问题时，我从移动的火车窗户向外望去，看到下面的山谷中，一个小村庄的中间坐落着一座教堂。我能想象在那白色的尖顶之下，人们在散布着什么不可思议、鬼话连篇的神学思想，滋养着什么偏执和宗派主义，而这片土地上朴实的辛勤的耕作者，将怀着怎样的恐惧和仇恨来捍卫他们的信仰——那些热切保护他们免受逝去的真理伤害的信仰。但是我的心与他们同在，相较于乡村的无神论者，我想我更喜欢他们，因为无神论者总会在违经背古的场合说一些自以为正确的话。急于摧毁这些人的信仰，无疑是见识浅薄、心胸狭隘的表现。

然而，在生物学层面，我不能相信生命个体的永恒不朽；在历史层面，我不能相信上帝与人同形同性。但与我那个时代更为理智的人不同，我怀念这些宗教带来的鼓励，也无法忘却我青春时代被鼓励包围着的那种诗意。认为至高无上的上帝就应该像人，甚至是像达·芬奇或歌德那样的人的想法是有些荒唐，不过，要是有人能说服我相信这可笑的无稽之谈，我会很感激他。对于个人长生不老的渴望也是自私的，无穷无尽的自私鬼不断涌向天堂，天堂将变得令人窒息，令人无法忍受。但我想，我仍会为离开感到遗憾，当我离开时，倘若我能知道我的儿女、朋友、我曾经为之努力奋斗的事业的命运，我会很开心。

因此，尽管古老信仰的教条已经从我身边消失，不再是我的生命支柱，但它们在我的记忆中留下了一抹芬芳，就像刚刚把鲜花搬走的房间里，还留有余香。许多古老的信仰依然存在，我这一代人中有很多人对粗糙的机制感到满意，但我不能接受。我很开心能在这古老的信条中发现象征意义上的深远意义。说不定到最后，一直渴望被倾听的信仰会打消我的疑虑，我将走上于斯曼和切斯特顿走过的道路——等我老了，读者们应该当心我写的东西。

现在，长生不老于我的意义是，我们都是整体的一部分，是生命个体中的细胞，局部的死亡是为了整体的新生，虽然作为个体我们终将逝去，但整体却因我们的所作所为而永远不同。上帝对我来说就是初始因，或者是所有生命和力量的源泉，我们在其间生存、活动，证明了我们的存在。上帝也是终极因，或者是目标，承载着我们的努力和抱负，他是遥不可及的完美，虽然我们现在看不到，但将来有可能实现。也许，在未来的宗教里，世世代代最伟大的灵魂都在为之献身的那个最伟大的整体将会被称为上帝。

5 我的邀请

但是,我思考时过于投入,把你这个素昧平生的战士都忘了,你是不是对生活感到绝望,想一死了之?你会明白,你需要的不是哲学,而是妻子和孩子,还有努力工作。伏尔泰说过,要不是手头有那么多工作要做,他可能也会自杀。我也注意到,只有闲得无聊的人才会绝望。你如果在我们这个混乱的工业体系中找不到工作,就到农村随便找一个农民,请求他让你当他的雇工,只要包吃包住就行,至于还有什么更好的工作机会以后再说。他如果担心生产过剩这种不可思议的问题,你就跟他保证,你消费多少就生产多少,绝不超额生产。我们如果规定每个人都只能按需生产,也许就不会有"生产过剩"的问题了。

最后，我终于明白了，所有的建议都是白费力气，一个人要理解另一个人是多么困难。但不管怎样，我还是想邀请你过来和我待上一小时，我会给你指点迷津，它将比我书中所言更有说服力，相信此后你不会再向生活投降。来吧，你可以说我是一个幼稚的乐观主义者：无所顾忌地批评你，和你一样诅咒这个平凡的世界，我什么都可以相信，就是不相信你的结论。然后我们一起安静地吃面包，在孩子们的喧闹声中找回曾经的青春。

附录

纽约兴格监狱编号为 79206 的囚犯的来信

在上述书稿准备好之后,出版商想到把我的信寄给一个最近被判了无期徒刑的第四共犯,想知道一个被不公正判决、注定前途暗淡的人怎么看待生命的意义这个问题。从其回信可以看出,他的回答是经过深思熟虑的,他的表达非常清晰,因此有必要收录进来。这么有价值的一封信,我们怎么能把它锁进抽屉不给大家看呢?

一位知名作家兼哲学家想寻求这个古老问题的答案:人类生命的意义或价值是什么?一位同样知名的出版商问我,在监狱高墙里服刑的我是如何忍受这一切的。

对于这位哲学家的问题,我的回答是:我的人生意义取决于（也仅取决于）我认识人生伟大真理的能力，以及如何从人生教训中学习、改进的能力。简而言之，生命的价值在于我愿意努力让它变得有价值。

对于出版商的问题，我要说的是，即使是在监狱里服刑的囚犯，也可以把人生过得和监狱外面的人一样有趣，一样有意义。一切都取决于一个人对自己的人生哲学的坚定信念。

我的人生哲学是朴素的，由许多简单的信念组成，其中真理是指路明灯。认清人生真相让我能够保持内心的平静，内心不平静，我就会在种种猜测，甚至自相矛盾的推测中变得无所适从。

哲学家说："我们不得不得出这样一个结论，即人类历史上最大的错误是发现了真理。真理也没有让我们变得更快乐，因为真理不美。真理让我们摆脱了妄想和克制，但并没有让我们获得真正的自由。真理夺走了我们存在的一切理由，只留下了今天一时的快乐和对明天可有可无的希望。"如果我们的快乐和存在的理由取决于我们在妄想、错误的传统和迷信中寻求慰藉的内在倾向，那么我可以同意这种说法。如果真理剥夺了这些值得怀疑的慰藉，我们应该会不快乐，但事实并非如此。

真理不美也不丑。真理为什么要非美即丑呢？真理就是真理，正如数字就是数字一样。当做生意的人想要了解自己的经营状况时，他会参考各种数字，如果数字表明经营不佳，他不会去谴责数字，说它们面目如何可憎，让他的梦想破灭。那么，为什么要谴责真理呢？真理和数字的作用一样，前者有助于我们把握人生，后者有助于我们纵横商场。我们天性中有一种偶像崇拜的特质，这种特质会让我们想象出一个披着华丽外衣的真理的形象，当真理脱下华丽的外衣，以粗陋的面目出现在我们面前时，我们便会大呼："梦想破灭了！"

传统和习俗让我们分不清什么是真理，什么是个人信仰。传统、习俗和我们的生活方式让我们相信，除非达到一定的物质条件，拥有某种物质享受，否则我们不可能幸福。这不是真理，这是个人的信仰。真理告诉我们，快乐和幸福是一种精神满足的状态。无论是在荒无人烟的小岛，还是在穷乡僻壤的小镇，抑或在大城市的廉租房里，你都能找到满足感。它既可以出现在富人的豪宅里，也可以出现在穷人的陋室里。

关在监狱里并不一定不快乐，否则所有自由的人都应该是快乐的。贫穷也不是不快乐的根源，否则所有的富人都应该是快乐的。那些在小镇上生活了一辈子的人和许多一生都在游山玩水的人一样快乐，甚至更快乐。我认识一个上了年纪的黑人，他连大字都不识一个，却比雇用他的大学教授快乐得多。印度人很快乐，中国人、非洲人、西班牙人和土耳其人也很快乐。东南西北到处可见快乐的人。有快乐的名人，也有很多快乐的普通人，他们过着默默无闻的平凡生活。快乐无关乎种族，无关乎金钱，无关乎社会地位，也无关乎地理位置。那么，快乐会是什么呢？它是从什么深井里冒出来的呢？

理性告诉我们，快乐是一种精神满足感，如果这是真的，那么它的合理居所应该在我们的头脑里。有人说，精神可以超越物质。那么，我们是否可以认为，在任何情况下，甚至在监狱里，我们都可以获得精神上的满足？这样假设有错吗？

有人想让我们相信这样一个观点：思想、发现和发明这三者揭示出生命是一场毫无希望的冒险之旅，人类也只是一颗注定要失败和被遗忘的无助的棋子。面对这种暗淡的前景，人类转身叹道："生命的意义在哪里？"

自然历史告诉我们，在进化（这是唯一真正的绝对进步）的伟大进程中，某些无法适应进化的变化性的生命形式已经被完全抹去了。这些生命形式都缺乏被我们称为"发明"的建设性本能。变化是生命的常态，思想和发明使我们能够自我调整以适应这些变化。事实上，我们对环境的适应能力，也是我们生存的唯一希望，取决于我们创造力的大小。

当史前的鱼类为了从它当时的栖息地或原始环境中爬上岸而长出四肢时，它们就像莱特兄弟一样，堪称伟大的发明家。

T. S. 艾略特在《荒原》中为我们描绘了一幅混乱的世界图景，但我敢质疑他描绘这幅图景所依据的前提。不管是科学和发现，还是思想和推理，它们都告诉我：世界是有序的鲜活象征，说进化是盲目的，那是人类依据自己对盲目的界定标准得出的，混乱只存在于人类的头脑之中。理性不允许我从其他方面看待生命。对我来说，生命就像一条不断奔涌向前的河流。虽有旋涡和逆流，但奔涌向前的大势不可阻挡。

生命不能倒退，人类也是如此。人类是它所生活的宇宙不可分割的一部分，而这个宇宙一直在朝着自己的宿命前进。我愿意接受生命是偶然的这一理论，但这并不意味着生命就一定没有意义。任何一个经过深思熟虑得出生命毫无意义的结论的人，一定是个聪明人。聪明的人不做无意义的事，然而鼓吹这一信条的人仍然活着。由此我不得不得出结论，他们并不完全赞同自己的信条。每次我拿起报纸读到有人自杀的新闻，我都会感叹："真有人相信生命是没有意义的。"

那些谴责机器时代预示着人类堕落的人，并没有考虑到这一点：人类用双手劳动不是与生俱来的，而是一种后天养成的习惯。它是原始人调整自我以适应生存环境的一种原始手段，是完成这些任务和战胜生存困境的一种方法。人类不管是手工劳动，还是使用机器，其目的并无二致，都是在竞争中生存下来，只不过机器是一种更快、更有效的手段。正如人类改变了自己的生活方式一样，他也必须改变自己的思想、习惯，甚至是形态。从远古至今，人类在进化的过程中身体发生过几次重大变化，为什么在遥远的将来就不能再发生呢？生命从深海来到浅滩，又从浅滩来到陆地。

今天晚上，我和其他犯人一起站在监狱的院子里，仰望天空出现的一幅壮丽景象——庞大的"洛杉矶号"飞艇从我们头顶飞过。我的脑海中突然浮现出这样一个想法，就像史前生物曾努力从海洋爬向陆地，人类又努力从陆地飞向空中一样。谁敢说人类将来不会继续往上，进入更广阔的星际空间，从中获取更多的知识，并以此将人类生命提升到一个新的高度，就像我们今天超越了史前人类的高度？

我不知道命运会把我们带到什么样的伟大终点，我也不太在乎。在人类命运尚未到达终点之前，我会扮演我的角色，说完我的台词，然后把舞台交给后来者。我关心的是如何演好我自己的角色。

生命是一段不断向上的伟大而奇妙的历程，而我是其中不可分割的一部分。无论什么东西，瘟疫、病痛、经济大萧条，还是牢狱，都不能剥夺我的角色，这也是我所有的慰藉、灵感和财富所在。

欧文·C.米德尔顿